재미있는 사찰 이야기

재미있는 사찰 이야기 : 큰글씨책

초판 1쇄 발행 2017년 12월 28일

지은이 한정갑
펴낸이 강수걸
편집장 권경옥
펴낸곳 산지니
등록 2005년 2월 7일 제333-3370000251002005000001호
주소 부산시 해운대구 수영강변대로 140 BCC 613호
전화 051-504-7070 | 팩스 051-507-7543
홈페이지 www.sanzinibook.com
전자우편 sanzini@sanzinibook.com
블로그 http://sanzinibook.tistory.com

ISBN 978-89-6545-464-9 03220

* 책값은 뒤표지에 있습니다.
* 이 도서의 국립중앙도서관 출판예정도서목록(CIP)은 서지정보유통지원시스템 홈페이지(http://seoji.nl.go.kr)와 국가자료공동목록시스템(http://www.nl.go.kr/kolisnet)에서 이용하실 수 있습니다. (CIP 제어번호: CIP2017034565)

큰글씨책

재미있는 사찰 이야기

한정갑 지음

산지니

개정판을 내면서

사찰문화재는 불교의 진리를 담고 있는 그릇이기도 하지만 여기에는 한국문화의 진수가 담겨 있기도 하다. 그렇기에 학생들의 단체관람은 물론 내국인을 비롯하여 외국인들에 이르기까지 항상 관심의 대상이 되고 있다. 따라서 사찰문화재에 대한 정보를 제공하는 이 책은 나름대로 그 존재의 의미가 있다고 할 것이다.

사찰문화재에 대한 안내판들은 주로 문화재적인 평가로 서술되어 있으며 국보나 보물로서의 가치 또는 물질적 중요성을 부각시키고 있다. 하지만 정작 사찰문화재를 만든 사람들은 그런 가치를 염두에 두고 만든 것이 아니다. 그렇기에 필자는 사찰조형물을 만든 사람의 입장에서 사찰문화재를 이해하는 방향으로 글을 서술하였고, 이런 방향이 문화재가 존재하는 참다운 의미를 드러내는 것이라고 믿고 있다.

충남 서산에 가면 서산마애불상이 있다. 이 문화재는 사찰에서 관리하는 성보물이 아니라 문화재로 관리되어 많은 사람들에게 관람의 대상이 되고 있는데, 마애불상을 해설하는 사람들은 불상의 역사성을 비롯하여 미술적 완성도를 설명하며 특히 자연채광에 따른 불상의 변화를 신기하게 느낄 수 있도록 설명한다. 이를 들으면 감탄이 절로 나오지 않을 수 없다.

그런데 정작 중요한 점이 빠져 있다. 바로 누가, 왜, 무엇 때문에 이 불상을 이렇게 만들었느냐 하는 점이다. 이를 설명하려면 이 불상이 상징하는 의미가 무엇인지 또한 여러 가지 불상 양식 중 하필이면 꼭 이러한 방법으로 엄청난 공을 들인 이유가 무엇인지에 대한 이해가 필요하다. 즉 이러한 이해는 곧 불상과 관련한 조성 당시의 사람들을 비롯하여 아직까지 이 불상을 민간신앙의 대상으로 경배하는 사람들에 대한 이야기를 풀어내는 것을 의미한다.

이처럼 불교적으로 풀어 보는 사찰문화재 해설과 미술학적 또는 문화재적 해설의 차이는 사람에 대한 이해를 해 보느냐, 그렇지 않느냐에 있다고 본다. 문화재 해설이 당대나 현재를 살아가고 있는 사람들과 그 문화재의 관계성을 풀어내지 못하면 그것은 나의 삶과 관계없는 신기한 구경거리에 불과할 따름이다. 문화재 해설에 스토리텔링 기법이 도입되고 인문학 개념이 더해지는 것은 문화재가 과거로부터 현재까지 사람들이 살아온 삶의 경험을 담고 있는 조형물이라는 배경에 연유한다.

그러므로 사찰 조형물의 불교적 해석은 그 문화재가 가진 뜻을 이해하는 것이며, 그 문화재를 조성한 사람에 대한 이해를 도모하는 것이며, 궁극적으로 현재 나의 삶에는 어떠한 의미가 있는지를 찾아보게 하는 것이다.

그런 의미에서 이 책은 사찰 조형물에 대해 문화재

적 가치성, 미술적 가치성이나 다양성보다 불교적 해설을 우선적으로 시도한다.

1부에서는 사찰의 배치도를 기준 삼아 사찰로 들어가면서 보이는 순서대로 전각을 중심으로 설명을 전개하였다. 2부에서는 지옥세계에서 완성의 세계로 이어지는 중생의 윤회세계와 우리나라에서 신봉되는 불상을 설명하였다. 3부에서는 지정 문화재의 주요 대상이 되는 목재 건축물에 대하여 그 이해를 도모하고자 하였고 4부 이후는 탑, 부도, 비문, 석등 등 석재물에 대한 문화재적 설명을 수록하였다.

저자의 능력으로는 현재 새롭게 조성되는 많은 불교조형물의 조성 배경과 의미까지 살펴보기에 부족한 점을 느낀다. 이는 현재의 불교 문화재가 우리들의 삶과 어떠한 관계를 있는지를 제대로 살펴보지 못하고 있다는 자책이기도 하다. 추후 다시 보완할 기회가 있다면 현대 불교신앙의 배경과 그 의미를 수록하고자 한다.

아는 것만큼 보인다는 문화재 관람의 유명한 명제와 더불어 지적 수준이 높아져 문화재 해석에 관한 관심이 많아지고 궁금증의 대상도 더 다양하게 나타나고 있다. 그러니 문화재에 대한 상주 문화해설사의 소양과 깊이에 대한 노력이 더 요구되고 있음은 당연하다.

이 책을 처음 펴낼 때에는 사찰해설사 혹은 전문관광가이드에게 필요한 정보를 제공하게 될 것이라고 생각했다. 그런데 의외로 책을 잘 읽지 않는 불교신자들에게 많이 보급되었고 불자가 아닌 일반 독자들로부터 책을 보았다는 말을 많이 전해 들었다. 사찰문화재에 대한 해설서가 의외로 필요한 사람들이 많다는 점에 새삼 놀랐다. 개정판을 준비하면서 이 책이 세대를 넘어 새로운 세대들에게 사찰문화재에 대한 관심과 이해를 돋우어 주길 기대해 본다.

투박한 원고와 많은 사진 분량으로 편집진을 괴롭힌 필자는 산지니 편집진에게 항상 미안한 마음을 떨칠 수 없다. 그야말로 이 책은 성심을 다해 원고를 살피고 편집에 열정을 부어 주신 산지니 편집진의 노고의 결과라 아니할 수 없으니 출판의 영광을 산지니 편집진에게 돌리는 것이 당연하다고 생각한다.

2017년 11월

한정갑

차례

2부

아귀세계에서 부처님의 세계까지

3부

부처님의 숨결과 마음이 깃든 공간

4부

장인의 혼이 살아 숨쉬는 곳

목조건축물은 어떻게 구성되어 있는가

1부

천상에서 전해준 비밀

천상에서 전해준 비밀

우리나라 전통사찰에는 목재로 만든 건축물을 비롯하여, 석재로 만든 탑·부도·석등, 금속으로 만들어진 불상·범종 등 많은 조형물이 있다. 하지만 이러한 조형물에 대하여 설명하고 있는 안내판이나 안내책자를 마주하면 무언가 빠져 있는 것 같아 늘 아쉬움이 느껴졌다. 사찰 조형물에 얽힌 사연이나 제작 목적이 제대로 설명되어 있지 않고, 단지 문화재적 가치나 미술 작품으로만 강조되고 설명되어 있었기 때문이다.

사실 불교 조형물은 저마다 불교의 사상적 기반을 가지고 있고, 그 사상에 바탕을 둔 간절한 바람이 조형물에 내재되어 있는 것이 특징이다. 그러므로 사찰에 조성된 불교 조형물이 어떤 불교 사상에 바탕을 두고 조성되었고, 그것을 조성한 목적이 무엇인지에 대한 문화와 역사성 등을 종합적으로 이해하지 않으면 그 본래의 뜻과 목적을 알 수 없다.

이 글은 그동안 사찰에 있는 많은 조형물에 대하여 문화재 관련 설명과 미술적인 해석만 나열해 놓은 안내판이나 안내책자만으로는 답답하고 궁금했던 것을 불교적인 맥락에서 짚어보고자 한 것이다.

따라서 이 글은 가람을 구성하는 것들을 중심으로 전문적인 불교 내용보다는 사찰을 찾는 일반 사람이면 누구나 불교적 의미를 느낄 수 있도록 쉽고도 일반적인 내용을 중심으로 서술하고자 한다.

이 책에서는 용어의 통일을 꾀하기 위해 사찰에 조성되어 있는 것들을 통틀어 '사찰 조형물'이라 정의한다. 그 내용은 전각과 석탑 · 석등 · 불상 등 재료나 형태가 무엇이든 사찰에 조성되어 있는 모든 미술품을 대상으로 한다.

사찰이란 어떤 곳인가

사찰은 불교의 가르침에 의해 삶을 영위하고자 하는 수행자들이 살고 있는 곳이며, 그 가르침을 보위하는 출가자와 재가자들이 함께 모여서 정신적인 가치를 향상시켜 가는 위치를 점하고 있는 곳이다. 특히 우리나라가 1600여 년 전부터 민족적인 정신가치로 불교의 가르침을 수용한 이래 전통사찰은 단순한 한 종교의 근거지가 아니라 우리 민족의 오랜 경험과 문화와 역사를 담고 있는 곳이기도 하다.

본래 불교는 모든 생명체를 존엄하게 생각하며 모든 생명체가 상호 조화롭게 살아가는 것을 최고의 가치로 여기는 종교이다.

이러한 불교가 산속에 위치함으로써 산에서 살고 있는 숲을 비롯한 자연생태계와 인간이 상호조화를 이루어 살아가는 모델을 보여주고 있는 것도 우리나라 전

구례 화엄사 전경도
사찰 내 전각의 배치는 배산임수 혹은 좌청룡 우백호라고 표현하고 있다.(사찰로 진입하는 초입에는 개울물이 흐르고 교각이 조성되어 있다.)

통사찰이 갖고 있는 특징이라고 할 수 있다.

향기가 몸에 배여 들고 물안개가 옷에 스며들 듯이 사찰에는 불교의 철학성과 종교성이 스며들도록 배려한 다양한 매체가 조성되어 있다. 전통사찰의 모든 조형물은 그 나름대로 불교적 의미를 담고 저마다의 위치에 자리하고 있는데 궁극적으로는 모든 중생이 불교의 목적인 성불을 이룰 수 있도록 하는 데에 목적성이 모아져 있다고 말할 수 있다.

더불어 한국의 전통사찰은 국가적 수용으로 인해 한 순간에 만들어진 것이 아니라 선조들의 뛰어난 과학성에 기초하여 오랜 역사와 축적된 경험을 통해 이루어진 것이다.

이처럼 사찰은 자연의 순리에 따르면서 저마다의 조형물들이 중생구제를 위한 조성목적에 부합하도록 통일성을 띠고 있으며, 조성된 조형물이 오랜 세월 동안 유지될 수 있도록 동양의 전통과학을 활용하여 기술성과 더불어 뛰어난 예술성을 발휘해 놓은 곳이다.

그렇기에 사찰 조형물에 관한 우리의 관심과 이해는 불교의 철학성과 과학성, 그리고 역사성과 예술성을 종합적으로 파악할 수 있는 계기를 만들어 줄 것으로 믿어 의심치 않는다.

그렇다면 절이란 곳이 무엇을 하는 곳이며 어떻게 구성되어 있는지부터 살펴보도록 하자.

먼저 사찰 혹은 절이란 어떤 곳인가? 사찰은 스님들이 생활하고 있는 곳임을 우리는 잘 알고 있다. 그러나 스님이 계신 곳이라고 해서 모두 절이라고는 하지 않는다.

절이라고 할 때에는 최소한 불 · 법 · 승의 삼보가 갖추어져 있는 곳을 말한다. 작은 절은 암자(庵子)라 하고 큰 절은 사(寺)라고 하는데 이때 절이라는 표현을 사용할 때는 최소한 삼보가 갖추어져 있어야 한다.

그러므로 절이란 간단하게 '불교에서 가장 귀중하게 여기는 세 가지 귀한 보물을 모신 곳'이라고 정의할 수 있다. 여기서 말하는 세 가지 보물을 자세히 알아보면 다음과 같다.

첫 번째 보물은 스스로 진실한 진리를 깨닫고 다른 이를 가르쳐 인도하는 불교의 교주(敎主)이신 부처님이고, 두 번째 보물은 부처님이 깨달은 진리를 기록한 불교경전이며, 세 번째 보물은 부처님의 진리를 배우고 실천하는 수행조직을 말한다. 이를 각각 불보(佛寶) · 법보(法寶) · 승보(僧寶)라 하며 삼보라 한다.

이처럼 사찰이란 불보로서 부처님의 형상을 모시고 예배와 존경을 표시하는 곳이고, 법보로서 불교경전을 봉안하고 익히는 곳이며, 승보로서 불교경전의 가르침에 따라 수행하는 대중이 모여 있는 곳을 말한다.

모든 불교의 행사 때에 맨 먼저 하는 의식이 삼귀의이다. 삼귀의란 삼보, 곧 부처님, 부처님의 가르침 그리고 승가공동체에 귀의하는 것이다.

첫째, 부처님(佛)이란 완성자를 뜻하기도 하고, 번뇌가 사라지고 지혜가 충만하신 분을 말한다. 하지만 부처님의 실체는 원래 형상이 없어 어떤 모습으로도 조성할 수 없다. 그러나 중생을 위해 거짓 모습을 만들어 깨달음에 이르게 하는 매개 수단으로 조성해 놓은 것이 불상이다.

이처럼 부처란 깨달음을 향한 모든 중생의 궁극적인 목표이며, 불교의 궁극적인 지향점이라고 말할 수 있지만, 사찰에 모셔진 부처님은 형상화된 부처님으로서 일반적으로 석가모니불을 조성한다. 이외에도 동방국토의 약사여래불, 서방국토의 아미타불, 미래불인 미륵불, 법신불인 비로자나불 등을 모시기도 한다.

불보가 반드시 입체적 조형물로만 만들어져야 하는 것은 아니다. 물론 불상을 만드는 재료로 목재, 석재, 철재, 진흙, 옻 등을 사용하여 입체화된 조형물을 만들기도 하지만, 탱화라고 하는 불보살 그림으로 대신하기도 한다. 간혹 "나무아미타불"이라는 글씨만 새기거나 세워놓기도 하는데 이렇게 글씨만으로도 불보를 대신할 수 있다.

인도의 불교발전 과정을 살펴보면 불상보다는 불탑

양산 통도사 진신사리탑
신라의 자장율사가 당나라 유학 후 환국할 때 문수보살을 친견하여 석가모니 부처님의 진신사리를 받아서 가져왔는데, 이를 황룡사 구층탑, 통도사 사리탑과 울산의 태화사에 봉안하였다고 전한다.

이 불보를 우선하는 것도 알 수 있는데 탑 역시 불상을 대신한다.

우리나라에서 불보사찰로 유명한 곳은 경남 양산 통도사로서 석가모니 부처님의 진신사리가 모셔져 있다. 이곳은 부처님의 진신사리를 모시고 있어서 불전 안에 따로 부처님의 형상을 모시지 않고 있다.

그 밖에도 간혹 부처님의 진신사리가 있는 사찰에는 적멸보궁이라 하여, 부처님의 형상을 모시지 않는 곳도 있다. 그러나 불보사찰이라 할 때에는 양산 통도사만을 가리킨다. 통도사는 신라에서 불교를 받아들일 때 자장율사가 중국에서 부처님의 진신사리를 모셔와 황룡사와 함께 봉안한 데서 불보사찰이 된 것이다.

그런데 통도사가 불보사찰로 불리게 된 것은 단순히 진신사리 탑이 봉안된 이유 때문만은 아니다. 통도사가 위치한 지리적 배경을 살펴보면 영취산이라는 것이 독특한데, 영취산 아래에 통도사 사리탑이 위치하기 때문이라고 할 수 있다.

영취산은 인도의 영취산에서 유래되는데 산 정상의 머리모양이 독수리를 닮았다 하여 영취라 불리기도 하고 그 산에 살고 있는 독수리들이 아랫마을에서 사람이 임종할 때가 되면 그 집에 모여드는 것을 보고 영취(신령한 독수리)로 불리기도 하여 그 산 이름이 영취산이라고 붙여졌다고 전한다. 영취산 아래에서 불교의 핵심경전인 『화엄경』과 『법화경』이 석가모니 부처님에 의해 설해졌는데 그래서 영산회상으로 불리기도 하는 곳이다.

그 영산회상을 상징하는 영취산 아래에 부처님의 진신사리를 봉안하여 석가모니 부처님이 직접 계시는 곳으로 존중되기 때문에 양산 통도사가 불보사찰로 불리는 것이다. 통도사 창건주인 자장율사 역시 이런 점을 알고서 현재의 산 모양과 위치를 찾아내어 통도사를 창건하였던 것이다.

두 번째, 법보라는 것은 부처님의 가르침을 봉안하고 있는 것을 말한다. 부처님의 가르침을 법(法)이라고 하며, 그 가르침을 적어서 책으로 엮은 것을 불경이라 한다.

처음에는 불경을 일일이 손으로 베껴 옮겨 적어 배포하였는데 이를 사경(寫經)이라 한다. 사경으로 불경을 만드는 일은 시간이 많이 걸릴 뿐만 아니라, 널리 배포하는 데 어려움이 있었다. 그래서 이를 대량으로 제작할 수 있도록 목재에 새겨 종이에 인쇄하는 방법을 고안하였는데, 바로 그 원판이 판경이다.

우리가 잘 아는 팔만대장경은 불교의 모든 가르침을 상징하는 8만 4천 법문을 나타낸 것이고, 판각한 경전

1. 합천 해인사 장경각 내부
2. 장경각 외부 전경
유네스코에 문화재로 등록된 건축물이다. 목재로 된 대장경판을 보호하는 용도로 조성된 건축물로서 습도와 공기의 흐름을 조절하는 등 그 건축 기법이 예사롭지 않은 데서 인류 문화재로 지정되어 있다. 아래쪽은 넓고 위쪽이 좁으며, 반대 측면에는 아래가 좁고 위쪽이 넓은 창으로 이루어져 있다. 위로는 새도 날지 않는다고 전하며, 조성 당시 땅 속에 소금과 숯 등을 많이 넣었다고 전한다.

으로 종이에 인쇄할 수 있는 경전의 원판이다.

대장경이 경남 합천의 해인사에만 있는 것은 아니었다. 예로부터 전통사찰에는 저마다 얼마간의 경전을 판각하여 보관하고 있었다. 판각 경전은 그 자체로 활용되는 것이 아니라 책으로 인쇄하기 위한 것이므로 인쇄된 경전이 중요하게 여겨졌다.

법보라는 측면에서 대장경을 중심으로 말하지만 불교의 가르침을 적은 책이 더 중요한 의미를 지닌다. 우리나라의 법보사찰로는 팔만대장경이 봉안된 합천 해인사를 들 수 있으나 각 절마다 대장경이나 윤장대 또는 불교경전 등의 책자를 봉안하여 법보로 삼는 경우가 많았다.

사찰마다 대장경이 봉안되어 있음에도 불구하고 해인사가 법보사찰로 불리게 된 것은 우선 그 수량의 차이에 있다고 할 수 있다. 작은 사찰들이 일부분의 경전을 판경으로 제작한 데 반해 해인사에 봉안된 대장경은 불교의 모든 경전을 다 판경으로 제작하였기 때문이다. 이러한 팔만대장경은 수량에서 세계 최고이기도 하지만, 경전자료의 집약체로서 한국 대장경이 세계불교계에서 주목을 받는 이유이기도 하다. 판각의 수량이 팔만사천여 개로 제작과정과 보관은 물론이고 그 속에 담겨 있는 과거의 서체와 글자의 용도 등이 모두 중요한 기록 자료로서 인류문화재로 존중되고 있다.

이처럼 합천 해인사는 부처님의 가르침을 모두 기록하여 판각으로 제작하여 봉안하고 있는 곳이므로 명실상부한 법보사찰이라 할 수 있다.

세 번째, 승보란 불교의 가르침을 지키고 따르며 대중에게 전해주는 교단을 말하며 화합의 무리란 뜻으로 승(僧)이라 한다.

전통사찰마다 그 사찰에서 수행해온 대덕스님들의 영전을 초상화로 그려 봉안하고 있으며, 더불어 현재에도 수행하는 스님들이 계시는 곳을 일러 승보라고 한다.

전통사찰을 탐방하는 사람들이 사찰의 진수를 맛보기 위해서는 승보를 만날 필요가 있다. 외형적인 문화재 외에 그곳에서 현재 살아가고 있는 스님들의 생활모습과 그 가치를 살펴보는 것이 사찰의 3가지 요소 중 불보와 법보를 넘어 나머지 한 가지 요소를 채우는 것이라 할 수 있을 것이다.

우리나라의 승보사찰로는 전남 순천에 있는 송광사가 있다. 송광사에는 특히 승보전이 있어 대덕스님과 선불교의 법맥을 이어온 선사 스님들의 형상을 조상해 놓았다.

송광사는 스님의 과정을 거치는 분들이 많아서 요즘

1. 순천 송광사 승보전
2. 승보전 내부 스님상들

에도 항상 많은 스님들을 볼 수 있는데, 송광사가 스님들이 많아서 승보사찰로 불린 것은 아니었다. 송광사는 역사적으로 나라의 자문격인 국사와 왕사가 많이 배출된 곳이다. 따라서 높은 대덕스님이 계셨던 점으로 인해 승보사찰로 불리게 된 배경이 크다.

이처럼 절은 삼보를 모신 곳으로서 불교의 궁극적 지향점인 성불과 그 목표에 도달하는 방법을 가르쳐 주는 책, 그리고 이를 수행하는 무리가 있는 곳임을 알 수가 있다.

무엇보다 중요한 것은 절의 외형이 어떠하건, 국보급 문화재가 있건 없건, 흥미 있는 볼거리가 있건 없건, 절은 자신의 내면을 찾아 수행하여 성불을 하고자 의지할 수 있는 곳이라는 점이 바로 그 본질이다.

수미산의 상징-사찰

사찰은 경전에 의거하여 일정한 법칙과 불교의 세계관에 따라 치밀하게 구성되어 있다. 물론 평지에 위치한 절은 이러한 법칙을 갖지 않는 곳도 있다. 그러나 산지에 위치해 있는 사찰은 수미산을 중심으로 하는 불교의 세계관에 따라 일정한 법칙성을 지니고 있다. 지금까지 남아 있는 전통 사찰의 대부분은 산지에 위치하고 있으므로 여기서는 산지형 사찰을 중심으로 설명하고자 한다.

산지에 위치해 있는 사찰의 각 조형물 배치를 이해하기 위해서는 먼저 불교의 세계관을 살펴보아야 한다.

불교에서는 중생의 업이 이 세상을 구성하는 주요 요인으로 작용한다고 말한다. 중생의 업에 의해 구성된 세계는 철로 둘러싸인 드럼통과 같은 모양에 물이 담겨 있다고 한다.

물이 담긴 그 중앙에 수미산이 있고, 수미산에서 보았을 때 동·남·서·북의 각각에 섬과 같은 육지가 있는데 이 육지를 국토라 표현하였다. 동쪽은 승신주, 남쪽은 섬부주, 서쪽은 우화주, 북쪽은 구로주라 하여 네 개의 국토가 있다.

네 곳의 국토와 중앙의 수미산 사이에는 다시 일곱 개의 산이 가로막고 있다. 산과 산 사이는 바다로 이루어져 있다. 이것을 산 밖에 있는 바다와 구별하기 위해 내해(內海)라 하고, 산의 바깥쪽 바다를 외해(外海)라 한다.

일곱 개의 산은 수미산을 둘러싸고 있고, 이들 산 사

영주 부석사 무량수전에서 바라본 소백산 일대

부석사의 아미타 부처님이 계시는 곳으로 극락세계를 상징하고 있는 사찰이다. 극락세계의 느낌을 주고 있는 곳으로 마당에서 아래쪽 소백산 일대의 전경이 시원하게 보인다. 이곳은 바로 불이문을 통과한 존재들에게 극락을 맛보게 해주는 곳이다.

이는 모두 내해로 이루어져 있다. 우리가 살고 있는 곳은 수미산 남쪽에 있는 섬부주이다.

절에 불공을 올릴 때 시주자의 주소를 스님이 봉송하면서 "사바세계 남섬부주 해동 대한민국 ㅇㅇ동 ㅇㅇ번지 홍길동"이라고 하는 것은 바로 우리가 살고 있는 주소지가 국토남쪽의 섬부주에 속하기 때문이다.

남섬부주에 살고 있는 중생이 성불을 하기 위해서는 중앙국토의 수미산으로 들어가야 하는데 그러자면 바다를 건너야 하며 또한 바다와 바다 사이에는 일곱 개의 산맥이 가로막고 있다. 일곱 개의 산과 여섯 개의 바다를 건너기 위해서는 일곱 개의 산을 기둥으로 하는 다리를 놓아 건너가는 것이 효율적이다. 그러므로 남섬부주에서 수미산으로 들어가기 위해서는 다리로 건너간다는 것을 상징하기 위해 사찰에는 반드시 한 개 이상의 다리가 있는데 이것도 불교의 세계관에 바탕을 둔 것이다.

사찰 배치도

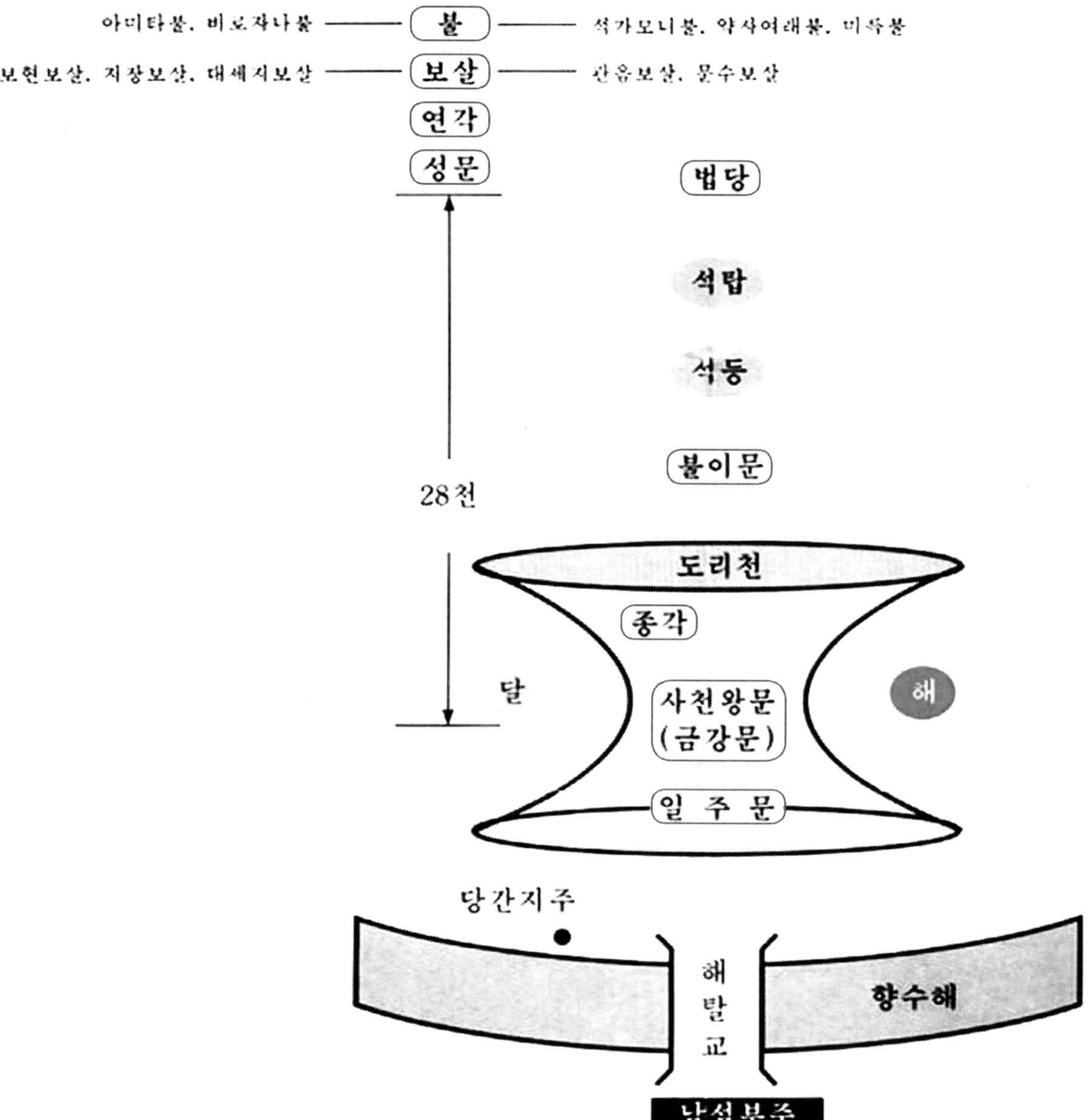

아미타불, 비로자나불
불
석가모니불, 약사여래불, 미륵불
보현보살, 지장보살, 대세지보살
보살
관음보살, 문수보살
연각
성문
법당
석탑
석등
불이문
28천
도리천
종각
달
사천왕문
(금강문)
해
일 주 문
당간지주
해
탈
교
향수해
남섬부주

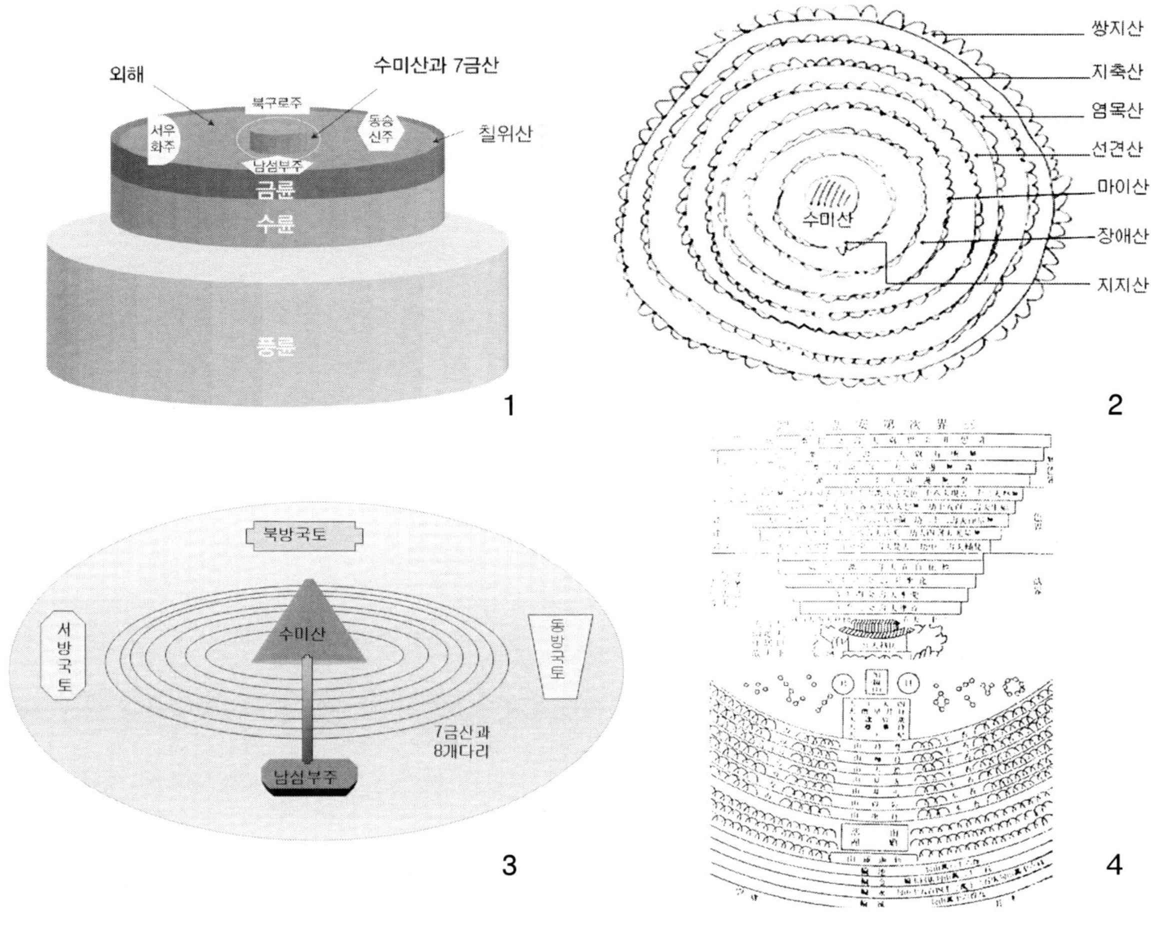

1. 불교의 세계관
2. 7금산과 수미산
3. 수미산 평면도
4. 삼계차제안위지도(三界次第安位地圖)에 나타난 세계관 구성

반야심경의 마지막 구절 "아제 아제 바라아제 바라승아제"는 "가세 가세 어서 가세 저 건너편에"라는 뜻으로 해석되는데 여기서 말하는 저 건너편을 반야심경에서는 피안으로 해석하고 진리의 국토로 가는 해안을 뜻하는 것으로 풀이한다.

차안은 남섬부주가 있는 곳의 해안을 이르는 말이며, 피안은 중앙 수미산이 있는 곳의 해안 또는 남섬부주를 제외한 국토의 해안을 말하는 것이니 피안과 극락은 동일한 의미로 해석할 수가 없다. 피안이 다른 국토의 해안가 또는 중앙 수미산의 해안가라는 뜻으로 해석되는 것은 바로 이러한 국토관의 배경에서 유래한

반야용선
지혜를 갖춘 용이 태워 가는 배라는 뜻

것이다.

한편 남쪽국토인 남섬부주에서 서쪽국토로 가려고 하면 육지가 없고 넓은 외해가 펼쳐져 있다. 산이 없으므로 바다를 건너려면 배를 타고 가야 한다. 반야용선을 타고 서방의 극락세계를 가는 그림에서 불교의 세계관을 엿볼 수 있다.

이러한 불교의 세계관에서는 국토의 배치를 통해 불상을 배치해야 한다. 곧 사찰의 불전은 주로 남쪽으로 향해 있어 석가모니불은 북쪽에서 남쪽을 바라보는 배치구조를 갖는다.

서쪽의 극락국토를 주재하는 아미타불은 석가모니불의 서쪽에 배치하고, 아미타불 한 분만 계실 때에는 일반적으로 서쪽에서 동쪽을 바라보는 형상을 취한다. 동쪽의 약사여래불은 동방 유리광국토의 주재자로서 석가모니 부처님의 동쪽에 있다. 그러므로 석가모니불의 좌우에 부처님이 위치할 경우 서쪽은 아미타불, 동쪽은 약사여래불이 배치된다.

한편 비로자나불은 법신불이자 석가모니불의 본체로서 석가모니불과 같은 위치이거나 석가모니불의 뒤편에 따로 전각이 마련된다. 미륵불은 석가모니불에 이어서 미래 세상에 남섬부주를 불국토로 완성하고자 하는 분이므로 석가모니불과 같이 북쪽에서 남쪽을 바라보고 있는 배치구조이다.

이를 총괄한 불상배치도를 보면 다음과 같다.

수미산과 법당 내 본존불 배치도

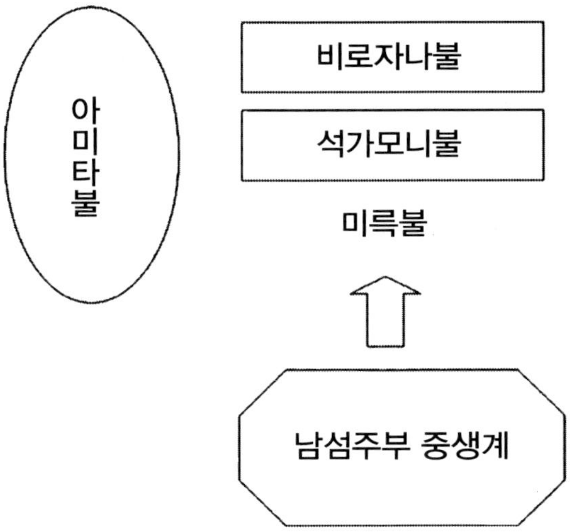

아미타불

비로자나불

석가모니불

미륵불

약사여래불

남섬주부 중생계

중앙의 수미산은 아주 높은 산으로 이루어져 있으며, 천상계로 들어가는 육지의 통로이다. 수미산 밖의 사방에 있는 국토의 중생들이 깨달음의 세계로 가기 위해서는 반드시 수미산을 지나야 한다.

수미산 정상에는 천상의 세계로 들어가는 입구가 있다. 이곳을 통과해야 궁극적인 깨달음의 세계에 도달할 수 있다. 수미산은 육신을 가진 존재가 사는 곳 가운데서 가장 높은 곳이며, 깨달음으로 가는 하나밖에 없는 길이다. 그러므로 수행자는 수미산으로 들어가는

영주 부석사 전경도
영주 부석사는 통일신라 때 의상대사에 의해 창건된 사찰로서 화엄의 세계를 느낄 수 있는 중요한 위치를 점하고 있다. 의상대사 이전의 신라시대 불교는 화엄사상이 아직 전래되지 못하고 있었던 것으로 추정되는데, 『삼국유사』에 의하면 의상대사와 원효대사에 이르러 불교의 진수인 화엄사상이 전해지는 것으로 보인다. 영주 부석사는 의상대사의 의해 화엄사상의 진수가 그대로 드러나 있는 사찰이라는 점에서 아주 중요한 의미가 있다. 한국 산지 사찰 구조의 정형성을 엿볼 수 있다.

것이며, 사찰은 그 수미산의 모습을 상징적으로 나타낸 것이다.

수미산으로 들어가기 위해서는 일곱 개의 금산과 내해를 지나야 한다. 또한 수미산 입구에 도달하여 일주문 · 사천왕문 · 불이문 세 문을 지나게 되어 있다.

일주문은 수미산이 시작되는 곳을 상징하는 곳으로 사찰 입구에 배치해 있다. 일주문을 지나면 곧 사천왕문을 만나게 된다.

사천왕문은 수미산의 중간 지점이다. 수미산 중턱에는 모든 악귀를 다스리는 대왕인 4대 천왕이 동 · 남 · 서 · 북의 방위에 따라 위치하여 악귀의 침범을 막고 있다. 이 수미산 중턱, 곧 사천왕문을 지나 최정상에 오르면 도리천이 나온다.

수미산의 최정상부인 도리천은 모두 33개의 천인

이 사는 천상세계로 이루어져 있다. 도리천의 중앙에는 제석천이 주석하면서 도리천의 중생들을 다스리고 있다.

다시 수미산의 정상을 넘으면 육지의 세계를 지나 허공의 천상세계로 들어간다. 그러나 천상세계는 이미 수미산 중턱에서부터 시작되고 수미산 정상부도 천상의 세계이다. 다만 수미산 정상을 넘어야 비로소 몸을 갖지 않는 허공의 세계가 시작된다. 허공의 천상세계는 모두 26단계로 이루어져 있다.

그렇지만 사실 천상세계는 수미산 중턱의 사천왕천과 수미산 정상의 도리천까지 합하면 모두 28개의 천상세계가 있다. 이렇게 28개의 천상세계를 넘어야만이 깨달음의 세계인 성문 · 연각 · 보살의 세계가 나타나고, 그 맨 마지막 단계에 이르면 부처님의 세계가 열린다.

이처럼 사방 4국토와 중앙 수미산을 다시 위에서 내려다보면 각 국토별로 불보살이 배치되고 각각의 빈 곳에는 28천의 천상 천인들이 색깔로 표현된다. 그리고 그 가운데에서 삼각형에 원형이 새겨져 있는 만다라 형상을 만나게 된다. 그러므로 만다라는 불교의 세계와 모든 중생계를 한눈에 내려다보는 것임을 알 수 있다.

만다라

불법의 요람에 있는 건축물

예로부터 절을 짓거나 불상을 봉안하는 데는 그 나름대로 정해진 법식이 있고 그 법식에 근거해 당(堂)과 탑(塔)을 세웠다. 또 불전(佛殿) · 법당(法堂) · 승당(僧堂) · 고리(庫裡) · 동사(東司) · 삼문(三門) · 욕실(浴室)을 배치하였다. 불전은 부처님의 존상을 모시는 곳이고 법당은 설법하는 곳이며 승당은 수행하는 곳이다. 고리는 창고와 식당, 동사는 화장실, 삼문은 일주문 · 사천왕문 · 해탈문으로 이루어진 세 개의 산문을 말한다.

이러한 세계관에 따라 조성되는 사찰의 건축물은 사찰을 왕래하는 모든 사람들에게 부처님의 가르침을 느끼게 하고 접하도록 하는 데 궁극적인 목적이 있다. 이처럼 사찰은 이상향의 경지를 마련해 놓고 별다른 설명 없이도 모든 참배객들이 그것을 느낄 수 있도록 배려해 놓은 곳이다.

사찰의 이상향은 모든 생명체들이 함께 어우러져 살아가는 곳, 모든 생명체가 서로 살리는 노력을 통해 고통이 없는 평온함을 느끼게 되는 것을 말한다.

그러므로 불교는 우주의 모든 생명을 살리고 그 모든 생명이 고통 없는 곳(열반)으로 가도록 하는 데 목적이 있다. 이 목표를 달성하기 위해 전통사찰은 그 건축물들부터 자연의 질서를 그대로 표현하고자 하였고, 자연의 모든 생명체와 함께 어울리고자 하는 노력을 기울이고 있는 것이다.

목재 건축물이 바로 그 대표적인 예이다. 그래서 목재의 부자재도 될 수 있으면 그 지방의 수목과 어울리도록 자연에서 채취한 재료를 사용하여 조성한다.

또 계절에 따라 바람이나 물과의 관계라든지 영향력을 생각하여 구조물에 응용하였고 산을 하나의 생명체로 이해하여 풍수학이 도입되었으며 자연채광을 최대한 활용하여 신성감을 드높였다.

사람을 살리고 자연을 살리며 모든 생명체들과 함께 어울리려는 이러한 건축기술은 우리의 전통 건축물 양식에서 찾아볼 수 있는 위대한 선조들의 유산이다. 이것을 전통사찰에서 많이 찾아볼 수 있다.

남섬부주에서 수미산으로-해탈교

불교의 세계관에 따라 산지가람을 조성할 때 맨 먼저 남섬부주에서 수미산으로 들어가기 위해 바다를 건너가는 다리를 조성하고 있음은 앞에서 이미 설명하였다. 그런데 남섬부주에서 수미산으로 들어가기 위해 일곱 개의 산을 넘어 산맥 사이의 바다(향수해)를 건너야 들어갈 수 있으므로 다리는 여덟 개를 조성해야 한다.

우리나라에서는 전남 해남 대흥사에 가면 여덟 개의

해남 대흥사 8개 교각 조성도
해남 대흥사의 8개 교각 조성은 남섬부주 국토에서 수미산으로 들어가는 관문으로, 금산을 넘어가는 8개 다리를 상징하고 있는 점에서 한국에서 좀처럼 보기 힘든 곳이다. 혹자는 전체 다리가 9개 이상 된다고 전하기도 하지만, 불교의 세계관과 연결해 보면 일주문 앞까지 8개 다리가 조성되는 것이 바른 모습이다.

다리를 조성한 것을 볼 수 있다. 사찰의 다리는 돌로 만든 것도 있고 목재로 만든 것도 있다. 경우에 따라서는 외나무다리로 만들어진 것도 있다.

그러나 일반 사찰에서는 많은 다리를 건설하는 데 어려움이 있으므로 그 재질이 무엇이건 여덟 개의 다리를 상징하여 최소한 한 개의 다리라도 반드시 조성하고 있다. 그 이름도 해탈교 · 극락교 · 열반교 등으로 부른다.

사찰마다 다리를 조성하기 위해서는 반드시 사찰입구에 개울이 흘러야 한다. 만약 자연적인 개울이 없으면 인위적으로라도 개울을 만들어 그것을 건너서 사찰에 들어가도록 해야 한다.

우리나라의 전통사찰들은 보통 자연적으로 흐르는 계곡 물 위에 사찰로 들어가는 다리를 만들어 건널 수 있도록 해 놓았다. 대표적인 것으로는 통도사의 삼성

1. 대구 동화사 해탈교
2. 영암 도갑사 해탈교

반월교와 순천 선암사의 홍예교 등을 들 수 있다.

이 가운데 홍예교는 돌을 양끝부터 놓아 반원을 그리며 만들다가 마지막 한가운데에 끼이는 돌이 박히는 순간부터 밟으면 밟을수록 튼튼해지는 구조로 만들어진 돌다리를 말한다. 이 다리는 돌의 무게하중이 아래로 힘을 받는 원리를 이용한 다리이다.

특히 통도사의 삼성반월교는 이러한 홍예가 모두 세 개로 구성되어 있다. 한 개의 홍예를 반월로 보았고, 반월은 다시 별을 상징하여 반월이 세 개가 있다고 하여 삼성반월교라 한 것이다. 그 이름도 신비롭지만 이 다리는 단 세 개의 홍예로 만들어진 뛰어난 교각문화재이다.

통도사의 홍예교는 계단으로 되어 있어 차량이 통행할 수 없으므로 그 다리 위쪽 일주문 앞에 대리석으로 새롭게 튼튼한 다리를 놓아 차량을 통행하게 하였는데, 다리를 조성한 지 일 년도 안 되어 홍수가 들자 다리의 난간이 떠내려가는 피해를 입었다. 통도사 측은 다리의 설계에는 문제가 없었지만 몇십 년 만의 폭우로 떠내려갔다고 결론을 내렸다.

양산 통도사 삼성반월교

그러나 정작 1,000여 년을 이어온 삼성반월교는 아무런 피해를 입지 않았다. 이는 선조들의 뛰어난 지혜가 현대인을 능가하는 것임을 다시 한 번 확인할 수 있는 계기가 되었다.

순천 선암사의 홍예교는 단풍철이 되면 그 다리를 중심으로 화려한 단풍이 어우러진 곳으로 유명하여 많은 사람들이 와서 기념촬영을 하는 곳으로 잘 알려져 있다.

또한 지리산 자락에 있는 남원 실상사의 경우 매우 넓은 계곡을 이어주는 긴 해탈교가 조성되어 있는데 사찰의 다리 가운데 가장 긴 다리이다.

그런데 다리를 조성한 방식에도 지역에 따라 차이가 있다. 영남 지역의 다리는 석조로만 구성되어 있지만, 호남 지역의 많은 사찰들은 다리 위에 전각을 조성한 것이 많다.

한 번 더 강조하자면, 모든 사찰에 한 개 이상의 다리를 조성하여 사찰에 들어오는 사람들을 건너게 하고 있는 것은, 우리가 살고 있는 사바세계인 남섬부주에서 일곱 개의 금산을 넘어 신성한 땅인 수미산으로 들어가는 곳임을 의식하게 하기 위한 것이다.

다리에 관한 이야기가 나오니 월천 공덕이 생각난다. 수많은 공덕 가운데서도 다리를 놓는 공덕이 크다고 한다. 그것은 한 번의 투자로 수많은 사람이 고맙게 여기고 감사함을 느끼게 하는 것이므로 그 다리가 부서지지 않는 한 그곳을 지나는 사람들로부터 공덕을 받는 것이기 때문이다.

그런데 단순히 일상적인 일을 보러 건너는 다리가 아니라 이상향을 향해 가는 해탈교를 조성하는 것은 사람뿐만이 아니라 모든 중생이 건너야 하는 다리임을 생각할 때 참으로 뜻깊은 정성이 담겨 있음을 알 수 있다.

수미산의 입구 - 당간지주

수미산으로 들어가는 해탈교를 지나면 맨 먼저 당간지주가 반긴다. 당간이란 돌이나 철로 된 긴 기둥이다. 즉 간주(竿柱) 끝에 용머리 모양을 만들고 깃발을 달아 드리운다.

지주는 중생을 지휘하고 마군을 굴복시키는 표시인 당간(대)을 지탱하는 기둥이다. 당간의 상단에는 휘장 · 번 · 깃발 등을 매달 수 있는 장치가 있는데, 사찰의 각종 행사나 알림 사항 등을 달았던 것으로 추측된다.

당간지주는 사찰 입구에 자리 잡고 있다. 이것은 수미산 입구임을 알리는 것이며, 신성한 곳, 사찰 또는 수미산이 시작된다는 경계를 나타내는 것이다.

그런데 이 당간 하면 연상되는 것이 바로 삼한시대에 유행했던 솟대이다. 솟대는 '여기서부터 신성한 지역임'을 경계 짓는 표식물이다. 그것은 질병과 환란이 들어오지 못하게 하고, 세속의 가치관으로는 이 지역을 지배할 수 없음을 나타냈던 것이다.

당간 또한 솟대처럼 세속의 가치관으로 사찰을 지배할 수 없음을 표시하는 역할을 하였을 것으로 추측되며, 신성한 땅을 경계 짓는 상징물로서 조성되었던 것으로 보인다.

그러나 솟대는 나무장대를 뜻하는 장대라는 의미보다는 솟은 곳이라는 의미에서 유래된 것으로 평지보다 조금 높은 곳을 말하는 것이며 이는 곧 신성한 재단을 의미하는 것이다.

솟은 곳은 신성한 곳이며 신성한 곳은 제사를 지내는 곳으로 사찰의 중요한 전각이 1단 내지 3단에 걸친 단을 조성하는 것도 이처럼 솟은 곳을 신성시한 것에서 유래된 것으로 보인다. 그러나 현재 솟대는 신성함을 표식하는 장대로만 통하고 있으니 혼란을 줄이기 위해 표식장대의 의미로 솟대라는 명칭을 사용하고 솟대와 당간을 비교 설명한다.

당간 또는 솟대는 신성한 땅임을 경계 짓는 상징물로서 조성되었으며 이는 곧 세속의 가치관으로 사찰을 지배할 수 없음을 주장함과 더불어 불교적 가치관으로 신성구역을 운영하고 있음을 표시하는 역할을 하고 있다.

당간의 끝 부분에 깃발을 달았던 흔적이 남아 있으므로 당간은 사찰이 중요한 행사나 큰스님이 계심을 상징하는 등의 의미로 표식을 내거나 알리는 용도로 추정하고 있지만, 솟대와 비교해 볼 때 단순한 상징 깃발을 다는 용도를 넘어 신성한 곳을 표식하는 경계 상징물로 해석하여야 할 것으로 본다.

근간에 몇몇 사찰 설명서를 보면 당간지주와 법당 앞 궤불(대형 걸개 불화) 당간을 구별하지 못해 궤불을 달기 위해 만들어 놓은 것이 한 개 없어지고 한 개만

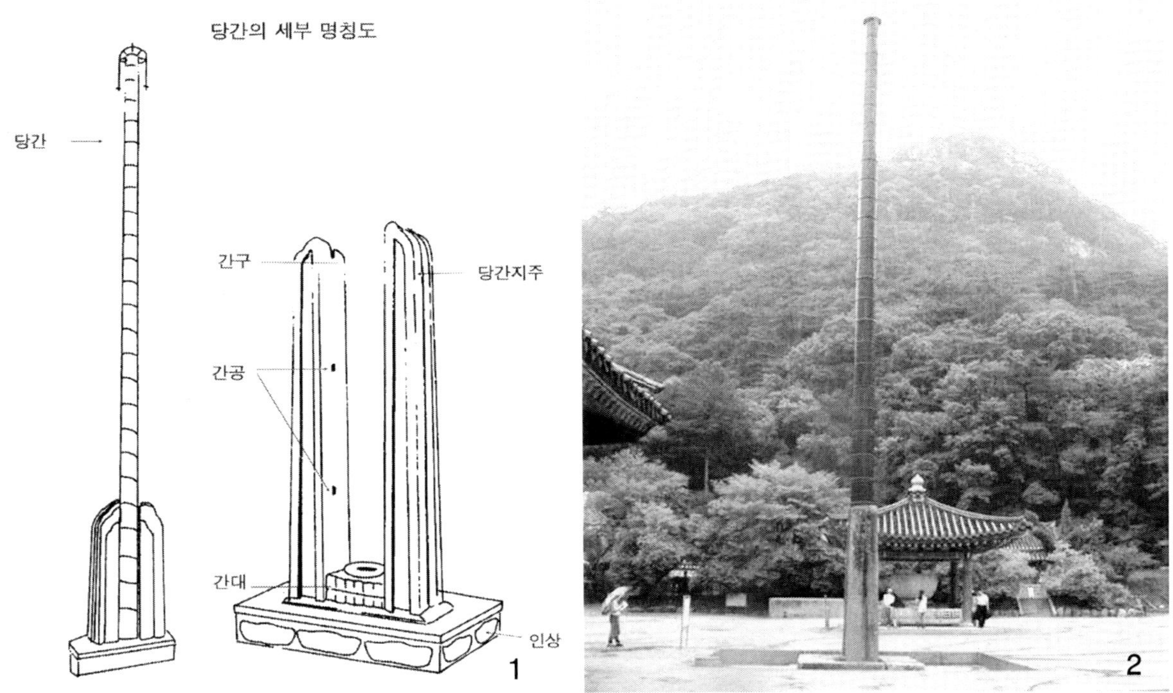

1. 당간의 세부 명칭도
2. 보은 속리산 법주사 내 철당간

대부분의 사찰이 당간지주만 남아 있고 당간이 없어 그 모양은 짐작하기 어려운데, 법주사의 경우에는 당간의 상단 부분까지 남이 있어 당간대의 옛 모습을 짐작하게 해 준다. 세계관에 의해 볼 때는 당간이 일주문 앞에 있어야 하지만, 이것은 천왕문을 통과한 곳 좌측 마당에 위치해 있다.

남은 것으로 설명하는 경우가 있었다. 괘불 당간과 사찰 입구의 당간은 그 의미가 완전히 다른 것이니 오해가 없어야 한다.

당간지주는 당간을 지탱하는 기둥이라는 의미에서 당간지주로 불리어 문화재로 지정되지만 불교적으로 볼 때는 당간지주보다 당간이 더 중요한 의미를 갖는다.

당간은 일주문 앞에 위치하는데 사찰의 시작점을 표식하는 상징물이라 할 수 있다. 이곳으로부터 신성불가침의 권역이 시작되니 옷깃을 여미고 신성감을 높이는 노력을 시작해야 된다는 의미이다.

당간은 하늘로 솟아 있는 높은 조형물이므로 하늘의 기운을 제일 먼저 받을 수 있는 곳으로 생각되었기에 불상의 점안식을 할 때 당간 꼭대기에서 실을 매달아 내려 그 실을 붓대 끝에 묶고 점안식을 행했다는 사례도 있었다 한다. 이처럼 하늘의 신성한 기운을 받는 곳으로서, 또 신성한 성지를 표식하는 곳으로서, 사중의 행사를 알리는 표식물로서 사용되었던 당간은 그 재질이 강하지 못해 현재까지 남아 있는 것이 몇 기 되지 않고 지탱하는 기둥만 남게 되었다. 이렇게 남은 당간지주를 문화재로 보호하다 보니, 당간 없는 지주가 당연한 것처럼 오해하는 것이 오늘날의 현상이다. 문화재적으로 당간지주가 의미가 있는지 모르겠지만 불교 측에서는 당간을 복원하여 그 원모습을 갖추게 하는 것이 당연하고 바람직하다.

예부터 사찰의 신성함을 높이려는 선조들의 지혜를 본받아 사찰에 대한 신성감이 훼손되어 가고 있는 오늘날 당간의 복원은 더욱더 필요하다고 본다. 당간지주만 남아 있던 것을 근세에 이르러 훌륭하게 복원해 놓은 곳으로 법주사가 있는데 그 높이와 위용은 보는 이로 하여금 감탄을 자아내게 한다. 다른 사찰에서도 현대의 기술을 활용하여 훌륭하게 복원하거나 새로이 조성해 보기를 제안하고 싶다.

현존하는 당간은 용두사지 철당간으로 국보 41호인데 청주의 남문로 2가 번화가에 홀로 서 있다. 철통 20개, 건립 연대도 확인되어 고려 광종(962) 때의 작품으로 알려져 있는데 사찰은 없다. 그 외 갑사의 철당간과 안성 칠장사의 철당간이 있으며 석재로 만들어진 석당간도 남아 있는 곳이 있다.

그러나 무엇보다도 당간이 없는 당간지주는 폐사지가 되었더라도 그곳이 사찰이 시작되는 지점이었음을 확인하는 표식물이 된다는 점에서 중요한 의미를 갖는

1. 공주 갑사 철당간
2. 양산 통도사 석당간
3. 보은 법주사 당간 상단
4. 부산 허심청 용두당간

데, 익산 미륵사지 당간지주, 경주 사천왕사지 당간지주, 양주 회암사 당간지주 등 이루 다 헤아릴 수 없다. 그중에서도 영주 순흥면에 있는 소수서원 내 당간지주는 이전에 숙수사가 있었던 곳에다 서원을 만든 것을 확인할 수 있는데, 당간지주마저 없었다면 숙수사에 대한 연민은 갖지도 못했을 것이다.

당간이 금동 공예품으로 만들어진 것도 있는데 그것은 바로 고려 초기 작품으로 국보 136호이며 높이 73.8cm로 크기는 작지만 당간의 화려한 모습을 찾아볼 수 있는 용두당간이다. 현재 용인의 호암미술관에서 소장하고 있다.

이외에 금동용두가 있는데 통일신라 때 제작된 것으로 보이며 높이는 65.5cm이고 당간의 정상에 있었던 것으로 짐작되는 작품으로 경주박물관에 소장되어 있다. 이러한 용두당간을 현대화한 것이 부산 동래 허심청의 상징물인데 당간에 구름을 탄 천인이 노니는 모습이 이채롭게 보인다. 당간 복원 시 참고할 만하다.

수미산의 첫 관문-일주문

당간지주를 지나면 수미산을 들어갈 때 거쳐야 할 세 개의 문 가운데 첫 번째 문인 일주문이 나온다. 여기서 세 개의 문이란 일주문·천왕문·불이문을 말한다. 그 가운데 먼저 일주문부터 보기로 하자.

일주문은 수미산으로 들어가는 첫 관문이다. 일주문이란 기둥이 한 줄로 되어 있다는 의미, 사방에 기둥을 세우고 지붕을 얹는 일반 건축물과는 달리 한 개의 기둥(一柱) 위에 지붕을 얹은 문이라는 의미, 또는 이제 막 해탈교를 건너와 신성한 땅에 들어왔으니 세속의 어수선한 마음을 거두고 하나의 마음으로 모아야 한다는 의미 등을 담고 있다.

따라서 일주문은 번거롭고 혼란스러운 생각을 벗어나 깨달음을 향한 한 생각으로 마음을 가다듬는 곳이다. 일주문은 안정적인 건축물 구조와 비교해 볼 때 한 줄로 늘어선 기둥 위에 무거운 지붕이 얹혀 있는 매우 불안해 보이는 구조이다. 하지만 전혀 불안한 느낌을 주지 않는 것은 바로 마음을 하나로 가다듬어 주기를 바라는 열망이 깃들어 있는 곳이기 때문이다.

바람이 불면 넘어질 것 같으면서도 오랜 세월을 버

1. 부산 범어사 일주삼간문
2. 양산 통도사 일주삼간문
3. 공주 갑사 일주문

티고 있는 일주문을 보면, 한마음으로 이룩된 것은 쉽게 무너지지 않는다는 것을 말해주는 것 같기도 하다.

우리나라의 일주문 대부분은 두 개의 기둥을 이용하여 일렬로 된 한 칸의 양식으로 된 곳이 많다. 그러나 경남 양산 통도사와 부산 금정산 범어사처럼 네 개의 기둥이 일렬로 되어 들어가는 곳이 세 곳인 일주삼간(一柱三間) 양식을 취하는 경우도 볼 수 있다.

일주삼간의 일주문 양식에는 『법화경』에 나오는 '회삼귀일사상(會三歸一思想)'이 깃들어 있다. 곧 '부처님의 제자로서 사성제를 깨달은 성문, 12인연을 깨달은 연각, 그리고 중생의 교화를 우선하고 자신의 성불은 뒤로 미루는 보살 등 성문 · 연각 · 보살 삼승은 어느 하나만이 성불로 가는 중요하고 유일한 길이 아니고,

삼승 모두 부처가 되기 위한 하나의 길로서 통일된다'는 것을 나타낸다.

재가자건 출가자건 이 문을 드나들며 보살도를 실천하는 자라면 모두 부처가 되기 위한 목적으로 귀결된다는 뜻이다.

이런 의미를 확대 해석한다면 가볍게 관광으로 들어오는 자이건, 절에 살고 있는 수행자이건, 불교를 믿는 신도이건, 믿지 않는 비신자이건 모두가 그 배경과 과정은 틀리지만, 이 문을 통과하면서부터는 현재의 고통을 없애고 이상향을 향해 가고자(부처가 되고자) 하는 하나의 목적으로 귀결된다는 뜻으로도 해석된다.

수미산 중턱-금강문과 사천왕문

해탈교를 지나 첫 관문인 일주문을 지나면 두 번째 관문인 천왕문을 만난다. 천왕문은 모든 귀신들의 왕이고 불법을 수호하는 힘을 가진 하늘의 왕이다.

원래 천상세계의 모든 귀신들을 거느리며 부처님을 괴롭히던 존재들이었으나, 부처님께 감화되어 불법을 수호하겠다는 서원을 세운 다음 불법을 지키고 보호하는 신장들로 변화했다.

그러므로 사천왕은 부처님이 계신 곳, 부처님의 법을 설하는 곳, 그리고 부처님의 법을 실천 수행하는 수행자들을 수호하는 군사를 거느린 장군들이라고 할 수 있다.

불교에서는 깨달음을 얻기 위하여 방편을 사용한다.

부산 범어사 천왕문

방편으로는 중생의 근기에 따라 덕으로 수용하는 섭수(攝受)와 강제로 감화시키는 절복(折伏)이 있다. 사천왕은 덕으로 수용되지 않는 악귀나 중생을 무력으로 강제하여 악을 제어하는 역할을 상징한다.

또 사천왕은 동·서·남·북 네 방위의 세계를 다스리는데 각 방위에 따라 주재하는 역할과 내용이 다르다. 사천왕은 사천왕이 위치하는 방위와 사천왕이 지닌 물건으로 구별하지만 사찰마다 천왕도 다르고 지니는 물건도 다르다.

동쪽에는 지국천왕이 손에 비파를 들고 있고, 인간 감정 중에 기쁨의 세계와 계절 중에 봄을 관장한다. 술과 고기를 먹지 않고 향기만 맡는 음악의 신 건달바와 부단나 신을 거느리고 동쪽 하늘을 지배하며, 얼굴색은 동쪽을 상징하는 푸른색을 띤다.

남쪽에는 증장천왕이 손에 칼을 들고 있고, 사랑의 감정과 여름을 관장한다. 구반다(사람의 정기를 빨아먹는 귀신으로 몸은 사람이지만 머리는 말의 모습을 하고 있다)와 아귀를 거느리고 남쪽 하늘을 다스리며, 얼굴색은 남쪽을 상징하는 붉은색을 띤다.

서쪽에는 광목천왕이 손에 용과 여의주를 들고 있고, 노여움의 감정과 가을을 관장한다. 용과 혈육귀로 불리는 비사사 신을 거느리고 서쪽 하늘을 다스리며, 얼굴색은 서쪽을 상징하는 흰색이다.

북쪽에는 다문천왕이 손에 삼지창과 보탑을 들고 있고, 즐거움의 감정과 겨울을 관장한다. 야차와 나찰을 거느리고 북쪽 하늘을 지배하며, 얼굴색은 북쪽을 상징하는 검은색이다.

이렇듯 사천왕은 네 방위를 지키는 존재이면서도 음양오행으로는, 목은 동쪽으로 청색, 화는 남쪽으로 붉은색, 수는 북쪽으로 흑색, 토는 가운데로서 황금색을 뜻하며 완성을 의미한다. 그러므로 사천왕의 호위를 받아서 들어가는 존재는 완성된 존재임을 상징한다.

조계종 포교원 편저의 불교 입문서에 따르면 사천왕의 방위와 지물이 저자와 달리 표현되고 있는데 이는 경전에 근거한 내용에 따라 서술한 것으로 보이나 현재 전국 사찰의 사천왕은 위에 서술한 방식에 따라 배치되어 있고 지물과 얼굴색이 맞춰져 있기에 현재 각 사찰에 배치된 모습에 근거하여 불교 입문서와 달리 사천왕의 방위와 지물에 따라 명칭을 정하고 설명하고 있음을 이해하길 바란다.

천왕문은 욕계 6천의 첫 관문이자 수미산 세계의 중턱에 위치한 곳으로서 천상계가 시작되는 곳이다. 이곳에 이르면 왼쪽과 오른쪽에 각각 해와 달의 세계가 빛나고 있고, 그 위로는 수미산의 정상부인 33천의 도리

1. 지국천왕(동방)
2. 증장천왕(남방)
3. 광목천왕(서방)
4. 다문천왕(북방)

천이 펼쳐진다. 도리천을 다스리는 존재는 제석천이다. 제석천은 손에 번개를 상징하는 금강저를 지니고 있다.

『삼국유사』에는 선덕대왕과 도리천에 얽힌 이야기가 다음과 같이 전한다.

사천왕과 수미산

> 신라의 선덕대왕은 죽기 전에 유언으로 '나를 도리천에 장사 지내라'고 하였다. 이에 신하들이 도리천이 어디인지를 알지 못해 물으니 왕이 말하기를 '낭산의 남쪽이다'라고 하였다. 10여 년이 지난 뒤 문무대왕이 선덕대왕의 무덤 아래 사천왕사를 창건했으니, 과연 선덕대왕의 능은 사천왕 위에 있는 도리천에 해당하는 곳에 있게 되었다.

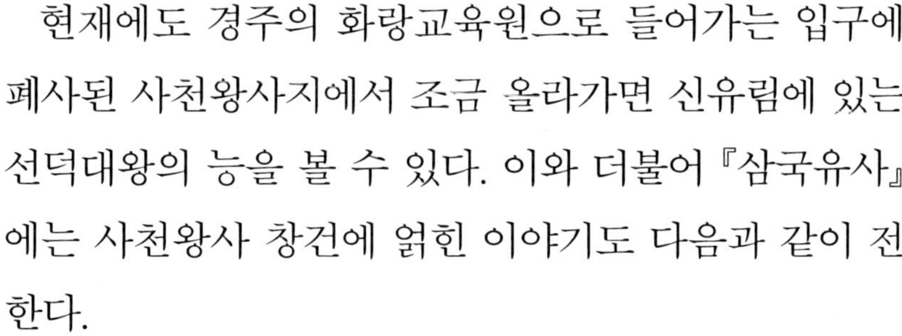

현재에도 경주의 화랑교육원으로 들어가는 입구에 폐사된 사천왕사지에서 조금 올라가면 신유림에 있는 선덕대왕의 능을 볼 수 있다. 이와 더불어 『삼국유사』에는 사천왕사 창건에 얽힌 이야기도 다음과 같이 전한다.

> 의상대사가 당나라에 갔다가 당나라가 신라를 침공하려 한다는 사실을 듣고 문무왕에게 알렸다. 문무왕은 이를 몹시 걱정하다 명랑법사에게 해결책을 물으니, 법사는 낭산의 신유림에 사천왕사를 세우기를 권하였다. 이에 사천왕사를 창건하니 당나라 군사가 풍랑을 만나 바다에 침몰하여 살아서 돌아간 자가 없었다. 당나라 고종은 사신을 보내 사천왕사를 살펴보게 하였는데, 신라 문무왕은 당나라 사신에게 사천왕사를 보여

경주 사천왕사지 귀부
경주의 사천왕사지에 있는 비석을 올렸던 귀부이다. 일제가 사천왕사지가 있는 것만으로도 국토를 수호하는 힘이 있다고 생각하여 사천왕사지에 철도를 놓아 전체 사지를 갈라놓았고, 그것도 모자라서 귀부의 머리 모양이 힘이 있어 보인다 하여 목을 잘라버렸다. 민족의 정기를 말살하였던 일제 만행의 잔재이다.

서는 안 될 것 같아서 사천왕사의 남쪽에 새로이 절을 지어 놓고 맞이하였다. 이에 사신을 새로 지은 절로 안내하니, 사신이 말하기를 '이것은 천왕사가 아니라 망덕요산의 절입니다'라고 하였다. 결국 신라는 이 사신을 달래 그 절이 천왕사라고 보고해 주도록 회유하여 돌려보냈고, 당나라로 돌아간 사신은 당 고종에게 천왕사는 신라에서 당 고종의 덕을 기리기 위해 지은 절이라고 보고하게 되었다. 이로 인해 천왕사의 남쪽에 새로 지은 절은 망덕사가 되었다.

이처럼 당시 신라 사람들은 사천왕을 신봉하여 불법을 수호하고 국가를 보호하는 역할을 하도록 기원하였다.

또한 신라가 당나라의 침략을 막기 위해 세운 사천왕사 및 범어사에서 왜구를 막기 위한 사천왕상의 조성, 그리고 각 절에서 사천왕을 조성하고 중요하게 여기는 것은, 작게는 사찰 안의 불국토를 외침으로부터

구례 화엄사 금강문

보호하기 위함이고, 크게는 전 국토를 외적으로부터 막아내고자 하는 간절한 염원이 담겨 있기 때문이다.

경주의 사천왕사지는 일제강점기에 일본인들에 의해 철도가 놓이면서 두 동강이 났고, 현재에도 시끄러운 기차소리에 시달리고 있다. 특히 사천왕사지에 있는 비석을 떠받치고 있던 거북 형상의 좌대는 상서로운 기운이 있다고 하여 일본인들에 의해 머리 부분이 잘린 이후 지금까지도 외롭게 사천왕사터를 지키고 있다.

사찰에서 사천왕문의 위치는 일주문이 있는 수미산 입구를 지나 조금만 가면 나오며 그 안에 조성되어 있다. 그러므로 사찰에서 사천왕문이 있는 곳은 바로 수미산 중턱에 위치한다. 이곳부터 천상계로서 욕망이 남아 있는 여섯 개의 천상세계(欲界)가 시작된다.

욕계의 육천이란 수미산 중턱의 사천왕천부터 수미산 정상의 도리천 · 야마천 · 도솔천 · 화락천 · 타화자재천까지를 말한다. 욕계는 욕망의 세계로서 욕망에 좌우되어 윤회하는 세계이다. 이 욕계의 6천 위에는 욕망은 제거되었지만 형상을 가진 18개의 색계와 그 위에 형상을 여의고 정신만 빛나는 4개의 무색계가 있다.

사천왕상의 형상

사찰을 찾는 많은 사람들이 사천왕상을 보고 그 규모와 인상이 험악하여 절에 가기 무섭다고 하기도 하고 왜 이렇게 무섭게 해놓았는지 물어보기도 하는데 사천왕상이 무서운 형상으로 전해져 오는 것은 시대 배경과 조성 재료에서 연유하기 때문이라 생각한다.

사천왕상은 나무보다는 진흙을 구워 만든 소조상이 많다. 나무보다 비용이 적게 드는 대신에 오래가지는 못한다. 현재까지 남아 있는 사천왕은 조선 중기 또는 그 이후에 제작된 것인데 이 시기에는 불교가 유생들에게 심한 박해를 받았기 때문에 유생들의 행패를 막기 위한 대응조치로써 사천왕의 형상을 험악하고 거대하게 만들었던 것이다.

이는 사천왕의 발아래 밟힌 유생이나 탐관오리를 조성해 놓은 것에서도 근거를 찾을 수 있다.

사천왕은 본래 불법을 침해하는 존재를 막는 수호신장이므로 불보살과 같은 자비와 평안한 모습을 기대하기 어렵다. 하지만 불교가 융성할 때 조성된 경주 석굴암 사천왕상은 그렇게 무서운 형상으로 조성되어 있지 않다.

또한 무색계의 4천을 지나면 깨달음의 세계인 성문·연각·보살의 세계에 이르며, 이 세계를 지나면 마지막으로 부처의 세계에 도달하게 된다. 그러므로 사천왕문은 모두 28천의 천상세계로 들어가는 최초의 관문이기도 하다.

수미산의 중턱에 있는 사천왕문을 대신하여 금강문이 자리하기도 한다. 금강문 안에는 금강역사가 자리하여 불법을 수호하고 있다. 그런데 금강역사신앙은 사천왕신앙보다 먼저 도입되었다. 다만 그 뒤에 네 방위를 지키는 사천왕이 금강역사보다 번뇌를 제압하는데 더 뛰어난 역할을 하는 존재로 인식되어 금강역사신앙에서 사천왕신앙으로 바뀐 듯하다.

사찰에 따라 금강문과 사천왕문이 같이 있는 경우도 있다. 전북 김제에 있는 모악산 금산사와 경주에 있는 석굴암이 그러하다. 그러면 여기서 잠깐 금강문을 살펴보기로 하자.

금강역사는 불탑과 사찰을 지키는 수문장 역할을 하는 존재로서 인왕역사라고도 한다. 그는 여래의 비밀스런 사적을 알고 있으며 5백 야차를 거느리면서 현겁천불의 법을 수호한다고 한다.

금강에는 나라연금강과 밀적금강 둘이 있다. 들어가는 쪽에서 보았을 때 오른쪽에는 나라연금강이 있고, 왼쪽에는 밀적금강이 자리하고 있다.

오른쪽에 위치한 나라연금강은 천상계의 힘을 가진 역사로서 그 힘이 코끼리의 백만 배에 해당한다고 한다. 입을 벌려 '아' 하는 모습을 하고 있으므로 아금강

1. 영암 도갑사 금강역사
   –아금강
2. 영암 도갑사 금강역사
   –훔금강

이라고도 한다. ‘아’는 산스크리트어의 첫 글자로서 공격 · 시작 · 진취적으로 나아감을 뜻한다.

밀적금강은 손에 금강저를 들고 부처님의 비밀스런 사적을 모두 듣겠다는 서원을 세운 신장이다. 입을 다물고 있어 훔금강역사라고도 한다. ‘훔’은 산스크리트어의 끝 글자로 방어 · 마지막 · 소멸을 뜻한다.

이 두 금강역사가 뜻하는 ‘아’와 ‘훔’을 합한 글자가 ‘옴’이라는 글자를 나타낸다. 이것은 영원 · 완성 · 조화 · 통일 · 성취 등을 의미한다. 그러므로 아와 훔의 두 역사를 좌우에 두고 들어가는 존재는 완성된 존재, 조화로운 존재, 통일을 이룬 존재, 성취를 이룬 존재임을 상징한다.

사천왕문이나 금강문을 지날 때는 무서워할 필요도, 지나치게 굴복할 필요도 없이 스스로 마음을 깨끗이 가다듬고 사천왕이나 금강역사가 불법을 수호하듯이 자신도 지켜달라고 기원하면서 반 배로 합장하여 예를 나타내고 지나가면 된다.

신장
평창 월정사 일주문 하단

사찰의 규모가 작아 사천왕문이나 금강문을 조성하지 못한 경우에는 법당 출입문 아래에 도깨비 형상을 놓기도 한다.

이처럼 사찰은 금강문이나 사천왕문을 조성해 놓았지만, 본질은 나쁜 기운을 막고 신성함을 높이기 위한 효과를 도모하기 위한 것이다.

사찰의 벽사 기능과 달리 민간에서 활용할 수 있는 벽사 기능을 하는 것들을 단계별로 살펴보면 제일 먼저 글자를 들 수 있다. 성인의 말씀을 문자로 기록한 것에는 신성한 힘이 있어 벽사 기능이 있다고 전해져 온다. 다음이 글자를 상형화한 것이다. 이를 부적이라고 예를 들어도 무방하다. 부적 다음으로 발전된 모습이 인물이나 동물 형상이며, 신장상이나 도깨비상, 기린, 용, 사자 등의 예를 들 수 있다. 이러한 인물상에서 더욱 발전되고 정제된 모습이 두 분의 금강역사로 나타났고 또 금강역사를 넘어 무기를 소지한 사천왕으로 완성된 것으로 보인다.

도깨비

나쁜 것을 물리치고 신성함을 더하기 위해 향을 뿌리며, 청소를 하고 좋은 꽃을 놓고 입구를 정리하는 일 역시 좋은 기운이 들어오도록 하는 벽사 의식의 한 모습이다.

그러므로 좋은 기운이 들어오는 곳에는 나쁜 것들이 없도록 치유하는 일 역시 벽사 의식의 한 부분이라고 생각한다. 그런데 현재 우리의 주거 문화에서 특히 아파트 구조에서 볼 때 현관을 지나서 들어오는 입구에 화장실이 배치되어 있는 것은 참으로 문제가 있는 것으로 보인다. 화장실은 나쁜 것을 버리는 곳으로, 부정하다 하여 가능한 주거 공간과 멀리 떨어지게 만들었던 것이 전통 구조였는데, 최근에 우리 주거 문화는 나쁜 기운이 입구에 들어오는 배치로 되어 있으니 입구에 향을 피우던 옛 선인들과 비교해 보면 참으로 황당한 일이 아닐 수 없다.

양산 통도사 범종각
범종을 매달아 놓은 곳이지만, 주로 누각의 형태로 조성한다. 이는 허공세계를 상징하는 것이며, 하늘의 천인들이 주악 소리를 들려주는 곳이기 때문에 평지에 조성되는 것보다 누각형의 건축물 구조가 올바르다고 생각한다.

불음을 전하는 곳-범종각

범종각은 사천왕문을 지나면 만나게 되는 건물이다. 종각의 위치는 사천왕문을 지나, 들어가는 쪽에서 보았을 때 왼쪽에 있다. 종각에는 하늘의 음악을 연주하는 모습이 새겨져 있는 종이 있다. 이것은 욕망을 제압한 수행자를 격려하며 하늘의 천인들이 아름다운 음악을 연주하는 것을 상징한다.

처음에는 범종만 있었으나 나중에 물에 사는 중생을 제도한다는 목어, 네 발로 걸어 다니는 짐승을 제도한다는 법고, 그리고 날짐승을 제도한다는 구름 모양의 동판으로 만든 운판을 같이 모아 네 가지 법구(法具)가 모여 있는 곳으로 알려지게 되었다.

누각형 범종루

범종각에 있는 네 가지 법구는 아침과 저녁의 예불에 주로 사용되며, 절 안에서 큰 법회나 행사가 있을 때도 사용된다.

한편 범종각은 부처님이 계신 불전에서 바라보았을 때는 오른쪽에 위치한다. 이것은 불교에서 왼쪽을 중요하게 여기는 것과 깊은 관련이 있다. 그러면 왼쪽을 중요하게 여기면서 왜 왼쪽은 비워 놓고 오른쪽에 종각을 두는가?

그것은 비어 있는 왼쪽은 공을 표현하고, 소리가 나는 오른쪽은 소리의 쓰임새를 색으로 표현하고 있기 때문이다. 곧 소리의 본질은 공이라는 사상을 은밀히 나타낸 것이라 할 수 있다. 곧 체(體)는 공하지만 용(用)은 소리로 나타난다는 서산대사의 『선가귀감』의 내용을 연상시킨다.

범종

원래 종은 사천왕이 있는 수미산 중턱을 지나 욕망

종에 새겨진 인물상
1. 삼존불
2. 관음보살상
3. 천인상

을 극복한 수행자를 격려하는 상징이었다. 그 뒤에 지옥 중생을 구제하는 의미로 확대되었고, 종에 새겨진 인물도 관세음보살이나 지장보살로 바뀌게 되었다.

경주박물관의 성덕대왕 신종 및 오대산 상원사에 있는 동종을 보면 종에는 보통 천상의 천인들이 음악을 연주하는 모습이 새겨진 걸 볼 수 있다. 이렇게 신라 때는 거의 전형적으로 비천주악상을 새겼다. 고려시대에 들어와 지장보살상이 많이 나타나게 되고 조선 시대에 이르면 관세음보살상도 보인다. 특히 비천주악상에서 지장보살상으로 바뀐 데는 종을 조성하는 배경에 영가를 위한 간절한 왕생신앙이 깃들어 있음을 알 수 있다.

범종의 구조를 살펴보면 상단 부분에 유두라는 것이 있다. 이것은 마치 젖꼭지 모양처럼 생겼다 하여 그렇게 부른다. 여기에는 지옥부터 아귀 · 축생 · 아수

1. 포뢰용
2. 종 아래에서 본 음관 구멍
3. 해남 대흥사 범종
4. 경주박물관 에밀레종

라 · 인간 · 천상 · 성문 · 연각 · 보살까지 9중생계를 상징하는 9개의 유두가 유곽 안에 조형되어 있다. 하나의 유곽 안에는 9개의 유두가 있고 이 유곽은 사방에 있으니, 모두 36개의 유두를 종에 조형해 놓은 셈이다. 이것은 9중생계가 알과 태와 습기와 변화의 네 가지로 태어나는 것(卵生 · 胎生 · 濕生 · 化生)을 의미하므로 4×9는 36이다.

이는 곧 사방에 있는 모든 중생계를 나타낸다. 그래서 범종을 36번 치는 것이다. 이것은 바로 모든 중생이 해탈하기를 바라는 염원이 깃들어 있는 것이다.

반면 새벽에 종을 28번 치는 것은 천상계가 사천왕천에서 무색계의 4천까지 모두 28세계가 있기에 천상계의 중생들을 깨우는 의미를 지니고 있다. 또 33번을 치는 경우는 육신을 가진 현실의 수행자가 수미산을 통해 들어갈 수 있는 정상이 도리천이므로 현실의

1. 순천 선암사 고래당목
2. 예산 수덕사 고래당목

수행자들이 사는 곳을 도리천으로 보고 하루를 마감하는 의미로 도리천의 33천을 상징하는 33번의 종을 친다.

우리나라의 범종에는 음관, 또는 음통이라는 것이 종의 맨 위에 있다. 이것은 종소리가 위로 빠져나가도록 대나무 모양처럼 생긴 작은 구멍을 뚫어 놓은 것이다. 『삼국유사』에서 피리를 불면 외적을 물리칠 수 있다는 '만파식적'의 고사에 나오는 대나무 피리를 상징하는데, 우리나라 종에만 있는 특징적인 요소이다.

강화도 전등사에는 중국종이 걸려 있는데 음관이 없다. 음관은 잡음을 없애주고, '징~' 하는 소리를 길게 울려주는 역할을 하는 것으로 알려져 있다. 범종의 아래쪽은 소리가 오래 울리도록 울림공을 장치하였는데, 경우에 따라 항아리를 묻기도 한다.

전남 순천 선암사와 충남 예산 수덕사에 가면 종을 치는 나무가 고래의 형상으로 만들어져 있음을 볼 수 있다. 이것은 종의 상단에 있는 용을 울리기 위함이다.

후한 『반고서』에 전하기를 이 용은 '포뢰'라는 용으로서 잘 운다고 한다. 울 때 소리가 꼭 종소리와 같다고 하며, 특히 동해의 고래를 만나면 잘 운다고 한다.

현재에는 당목이 고래의 형상으로 만들어져 있는 사찰은 몇 군데 남아 있지 않다.

서양의 종이 쇠와 쇠를 이용해 소리 나게 하는 것이라면 우리나라 범종은 쇠와 나무가 조화를 이루어 울리는 장엄한 소리로서 음양오행에서 볼 때도 목과 금이 어우러져 이상적인 조화를 도모하려는 선조의 지혜가 담겨 있다.

성덕대왕신종(에밀레종)

성덕대왕신종에서는 아직까지도 현대의 과학기술로 재현하지 못하는 선조들의 지혜를 살펴볼 수 있는데 그것은 바로 종소리의 우수성이다.

에밀레종은 64, 179, 399Hz의 세 가지 주파수를 기본 주파수대로 가진다. 특히 저음의 64Hz대가 만들어내는 여운은 사람의 마음을 평안하게 하는데 이 저음대의 여운이 에밀레종은 다른 종들과 달리 3분대에 이르고 있다고 한다. 한때 소리의 주파수와 화음도, 질량 등을 수학적으로 계산해 얻어낸 값으로 점수를 매긴 적이 있는데 가장 높은 점수를 받은 종은 성덕대왕신종으로 무려 86.6점을 받았다. 보신각 종소리가 100점 만 점에 58.2점, 상원사의 종이 65점, 중국의 영락대종은 42.3점을 받았다. 인류가 만들어 낸 타악기 중에서 최고의 작품이라 해도 과언이 아닐 것이다. 경주박물관에서는 종소리를 고화질로 녹음하여 판매하고 있다. 종은 외형의 아름다움보다는 소리로써 평가해야 함을 보여 주는 예로 볼 수 있다.

그러나 한국의 사찰에 있는 종은 성덕대왕신종과 같이 신비롭고 최상의 소리는 아닐지라도 기본적으로 선덕대왕신종과 같은 특징을 지니고 있다. 청동으로 만들어진 종에다 고래 모양을 만든 나무로 치게 되면 종이 매달고 있는 포뢰라는 용을 울리게 한다는 한국의 종은 그 정신세계와 같이 어우러져 울림 소리가 장중하고 듣는 이로 하여금 더 이상 평온할 수 없는 느낌을 준다. 이러한 소리를 만들기 위해 수많은 시행착오를 거쳐 오늘에 이른 것이니 그야말로 한국 사찰의 종소리는 지금도 살아 있는 우수한 동양 정신문화이다.

용과 불교 문화

용의 존재에 대해서는 중국의 문헌과 인도의 문헌에서도 발견되고 있는데 우리들에게는 상상 속의 존재로 알려져 있다. 이러한 용은 우리 민족 문화에서도 찾아볼 수 있는데, 용의 순수한 우리말은 미르, 미리, 므르 등으로 그 근원을 찾을 수 있다. 므르는 물(水)을 의미하는 말인데 용은 곧 물을 상징화한 것에서 유래되었음을 짐작할 수 있다. 그런데 용은 물을 상징하는 존재이면서도, 동시에 물을 주재하는 존재로 등장한다. 농경 위주의 사회였던 우리나라에서는 특히 벼농사와 관련하여 물의 중요성이 컸던 만큼 용에 관한 신앙도 고대 농경사회부터 전개되어 왔던 것으로 보인다. 중국에서 전해오는 용에 관한 내용으로 명(明)의 호승지(胡承之)라는 사람이 쓴 『진주

선(眞珠船)』이 전해져 오는데 용에는 아홉 아들이 있다는 설이 기록되어 있다. 순위 없이 나열해 보면 다음과 같다.

"① 비희라고 하는데 일명 패하(覇下)라고도 한다. 모양은 거북이를 닮았는데 무거운 것을 지기를 좋아한다. 비석 아래에 있는 좌대(귀부)가 이것이다. ② 이문인데 모양은 짐승을 닮았으며, 먼 곳을 바라보는 것을 좋아한다. 주로 전각의 지붕 위에 있는 짐승 머리가 바로 이것이다. 일명 조풍이라고도 하는데 높은 곳을 좋아한다. 또한 치미라 하며, 화재를 누를 수 있다 하여 많이 조성한다. ③ 포뢰로서 모양은 용을 닮았는데, 소리 지르기를 좋아한다. 종(鍾) 위에 올라가 있는데, 포뢰는 고래를 무서워해서 고래 모양으로 포뢰를 치면 크게 놀라 운다 하여 고래 모양으로 당목을 만들어 놓기도 한다. ④ 폐안으로서 일명 헌장이라고도 한다. 모양은 호랑이를 닮았는데, 위력이 있어서 감옥문에 쓰인다. ⑤ 도철은 마시고 먹는 것을 좋아해서 솥뚜껑에 올려놓는다 한다. ⑥ 공하는 물을 좋아하는 성질을 가졌다고 전하는데 다리의 기둥에 세운다. ⑦ 애자는 죽이기를 좋아하여 칼에 새긴다. ⑧ 산예는 모양이 사자와 닮았고 연기와 불을 좋아하며 향로에 새긴다. 또한 앉기를 좋아하는데 좌대에 사용하기도 한다. 일명 금예라고도 한다. ⑨ 초도는 모양이 소라를 닮았는데 닫기를 좋아하여 문고리에 붙인다."

이처럼 아홉 마리 용의 아들들이 불법을 수호하며 성보문화재 곳곳에서도 활약하고 있다.

불교에서도 용은 물을 주재하는 가장 신령한 존재로 알려져 있으며 불법을 지키는 호법신중으로 분류되고 있다. 아기 부처님 탄생 시에 아홉 마리의 용이 물을 뿜어서 관욕을 해주는 것을 보더라도 물과 관계되는 곳에는 항상 용이 존재함을 알 수 있다.

옛날에 금당(법당)을 보면 바닥이 지금과 같이 마루로 된 것이 아니고 구운 벽돌로 된 전돌로 깔려 있었는데 그것이 도자기 성분이므로 수분이 모이게 되고 수분은 곧 목재건축물에 치명적인 요소가 되었다. 이를 제거하는 방법으로 금당 아래쪽에 자연수를 흘려서 습기를 제거하는 원리를 활용해 왔는데, 불국사 대웅전 아래쪽에 자연수를 흐르게 하였던 예가 있으며 석굴암 바닥에도 자연수를 흐르게 하여 습기를 제거한 것을 확인할 수 있다.

이처럼 법당 아래쪽에 물이 흐르게 하였으니, 이는 곧 용이 있는 것이며 용이 거대한 법당을 등에 지고 있는 셈이 된다. 그래서 법당 아래쪽에 용의 머리 형상을 해놓는 것이 자연스럽게 보이는데 그야말로 반야용선을 이루고 있는 모습이 된 것이다. 극락으로 가는 길은 먼 바닷길을 건너가야 하므로 물을 주재하는 최고 신령한 존재인 지혜의 용이 이끄는 배를 타고 가는데 이를 반야용선이라고 한다.

용의 존재를 믿고 안 믿고는 독자들의 몫이지만 성보문화재에는 이러한 용의 존재가 있는 것처럼 의식하며 조성된 곳이 많으므로 용의 존재에 대한 이해가 필요하다.

이처럼 선조들은 물이 있는 곳에는 용을 형상화하였

1. 법고 내부
2. 법고 외부

고, 용이 형상화된 것은 임금님의 권위로 상징되어 일반인들은 함부로 사용하지 못하기도 하였다. 현대에 사는 우리도 물과 관련된 생활용품에 용의 형상을 다양하게 적용해 보면 어떨까. 물을 떠먹는 표주박, 세숫대야, 물을 담는 그릇, 관욕 도구 등은 물론이고 화재가 나기 쉬운 곳, 물을 회전시키는 작은 물레방아 등에도 적용해 볼 만하다.

법고

종각에 매달린 커다란 북을 말하며, '법을 전하는 북'이란 뜻이다. 북소리가 널리 울려 퍼져 중생의 마음을 울리게 하듯이 부처님의 말씀이 잠자는 중생의 마음을 울려 깨닫게 한다는 뜻이다.

이러한 법고는 네발 달린 짐승을 비롯하여 땅에 사는 중생을 제도하기 위해 친다. 양쪽 면은 각각 암소와 수소 가죽을 대어 음양의 조화를 도모하였다. 소리를 낼 때는 작은 막대기 두 개로 마음 심(心) 자를 그리듯 치는데 운판이나 목어와 달리 오랜 시간을 두드려 친다.

법고는 일반적으로 위에 매달아 놓고 치지만, 좌대에

설치하여 그 위에 법고를 얹어놓고 치는 경우도 있다. 이때 법고를 받치는 좌대는 지혜를 상징하는 사자의 형상으로 조성하는 경우가 많다. 그러나 불국사의 좌대는 거북 모양이고, 수덕사에는 거북이 용의 모양으로 변화되고 있는 기이한 형태의 좌대도 있다.

1. 삼존불 운판
2. 예산 수덕사 운판
3. 대구 동화사 운판

운판

운판은 구름 모양의 쇠로 된 판을 말한다. 주로 청동이나 주철로 구름 모양의 넓은 판을 만들고 그 판에 보살상이나 '옴마니반메훔' 등의 진언을 새긴다. 가장자리에는 두 마리의 용이 하늘로 올라가는 듯한 모습이나 구름을 조각한다. 전체적으로 구름 모양같이 생겼다. 운판은 쇠로 만들어져 있어 쇠 금(金) 자와 날짐승 금(禽) 자의 연상작용으로 날짐승을 제도하는 법구라고 전한다. 이것은 공중을 날아다니는 중생이나 허공을 떠도는 영혼을 천도하기 위해 친다.

운판도 종이나 법고처럼 공중에 매달고 나무 막대기나 나무망치로 친다. 약하게 시작하여 점점 크게 치는 올림소리와 세게 치다가 점점 약하게 치는 내림소리 방식, 올라갔다 내려갔다 하는 식으로 세 번 정도를 반복하며 친다.

수덕사에 있는 운판은 둥근 모양이 아니라 구름 조각이 길게 늘어진 독특한 모양을 하고 있는 것으로 유명하다.

목어

목어는 나무로 만든 고기란 뜻이다. 나무로 큰 물고

1. 경주 불국사 목어
2. 공주 마곡사 목어

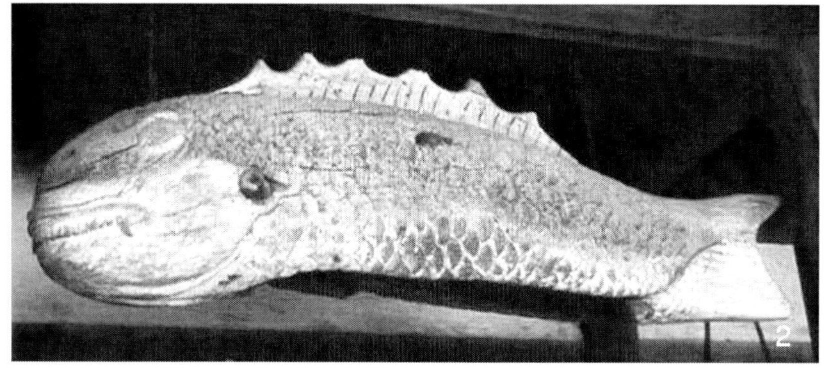

기(특히 잉어) 모양을 만들어 배 부분을 파내고 그 부분을 나무 막대기로 두드려 소리를 내는 법구이다.

목어는 물고기, 곧 물속에 사는 중생을 위해 친다. 물고기는 잠잘 때도 눈을 감지 않으므로 수행을 강조하기 위한 법구로 사용되고 있다.

목어가 만들어진 배경에는 다음과 같은 전설이 있다. 옛날 어느 절에 많은 제자를 거느린 훌륭한 스님이 살고 계셨다. 슬하의 제자들은 스승의 가르침에 따라 열심히 공부하는데, 오직 한 제자만이 스승의 가르침을 따르지 않고 자기 마음대로 생활하며 나쁜 짓도 서슴지 않았다. 스승의 말씀에 따르지 않던 제자는 마침내 몹쓸 병에 걸려 죽게 되었다.

그는 죽자마자 물고기의 몸으로 다시 태어났다. 그런데 그 물고기의 등에는 커다란 나무가 솟아나 있어 헤엄치기가 매우 힘들었고 파도가 칠 때마다 등에 있

목어 유래 벽화

는 나무가 흔들려서 등에서는 피가 흘러 그 고통은 이루 말로 할 수 없었다.

하루는 스승인 스님이 배를 타고 가다 물고기가 된 제자가 사는 강을 건너게 되었다. 그런데 등에 커다란 나무가 솟아나 있는 물고기가 뱃전으로 다가와 스님을 보며 슬피 우는 것이었다. 스님은 물고기가 전생에 자신의 못난 제자였다는 것을 알고 가엾이 여겨 도력으로 등에 난 나무를 뽑아 없애고 설법을 해 주었다.

절로 돌아온 그날 밤 스님의 꿈에 물고기의 몸을 벗어난 제자가 나타나 말하였다. "스님, 은혜에 감사를 드립니다. 다음에 다시 사람으로 태어나면 열심히 공부하겠습니다. 스님께 바라옵건대, 저의 몸에 있던 나무를 베어 저와 같이 생긴 물고기를 만들어 기회 있을 때마다 나무 막대로 때려 주십시오. 그러면 강이나 바다에 사는 물고기들이 그 소리를 듣고 해탈할 수 있을 것입니다. 뿐만 아니라 저의 이야기를 공부하는 사람들에게 들려 주십시오. 좋은 교훈이 될 것입니다." 스승은 그의 부탁에 따라 그 나무로 물고기 모양을 만들어 공부하는 사람들의 경각심을 불러일으키기 위해 사용하였다고 전한다.

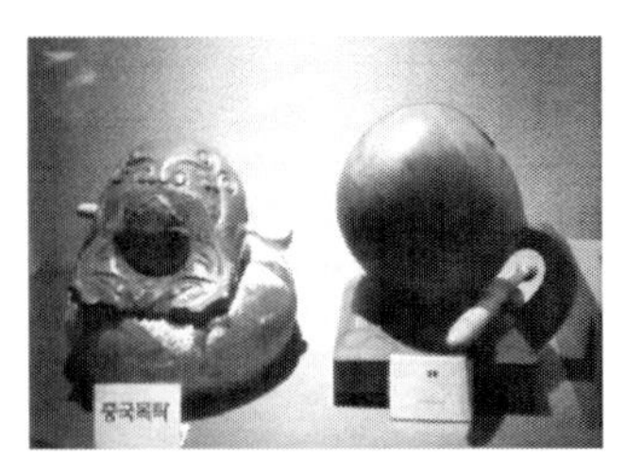

목어(목탁)

목탁은 목어가 둥근 물고기 모양으로 변형된 것이며 절에서 가장 많이 사용되는 법구의 하나이다. 이것은 우리나라에서만 '목탁'이라고 부를 뿐, 중국이나 일본에서는 둥근 목탁도 '목어'라고 부른다.

목탁의 재료는 대추나무가 가장 좋다. 그러나 구하기 어려우므로 박달나무나 은행나무 등을 사용하기도 한다. 목탁에는 큰 목탁과 작은 목탁이 있다. 큰 목탁은 매달아 놓고 치거나 방석 위에 올려놓고 친다.

매달아 놓고 치는 큰 목탁은 스님들을 불러 모으거나 식사시간을 알릴 때 주로 사용한다. 방석 위에 놓고 치는 큰 목탁은 법당에서 염불을 하거나 예배를 볼 때 그리고 경전을 읽을 때 주로 사용한다. 놓고 치는 큰 목탁은 손잡이가 없으며 중국이나 일본에서 많이 사용한다.

우리나라에서는 손잡이가 있는 작은 목탁을 많이 사용한다. 칠 때는 왼손에 목탁을, 오른손에는 목탁채를 쥔다. 목탁을 치는 데는 정해진 방법이 있다. 목탁을 어떻게 치느냐에 따라 의미전달이 다르므로 목탁 소리가 약속이 되기도 한다.

수미산의 마지막 관문-불이문

일주문과 천왕문을 넘어 왼쪽에 있는 범종각을 지나면 수미산의 마지막 관문인 불이문이 나온다. 불이문은 사찰에 따라 해탈문, 또는 극락문이라고도 한다. 불이문은 곧 불국토를 만나는 곳이다. 이 문을 지나면 불

양산 통도사 불이문

국토가 열린다는 뜻이다.

불이문은 '불이(不二)'의 의미에서 알 수 있듯이 둘이 아닌 하나의 경지인 불국토로 들어가는 문이다. 이곳은 들어가는 자와 앉아 참선하고 있는 자, 중생과 부처, 나고 죽는 것, 번뇌와 보리, 세간과 출세간, 그리고 법계의 실상이 둘이 아닌 것을 깨달아 부처의 경지에 들어가는 관문이다. 그러므로 몇 가지 조형물을 통해 무명에 빠진 중생들에게 불국토가 어떤 곳인지를 상징

1. 영주 부석사 불이문
2. 구례 화엄사 마당

적으로 느끼게 하는 곳이다. 그리고 불국토를 보여 주는 과정은 단순하게 처리하지 않고 일종의 시각적 효과를 극대화시켰다.

불이문을 지나면 사찰의 최종 목적지인 불국토를 상징하는 불전이 나온다. 불전을 장엄하게 느낄 수 있도록 불이문은 주로 누각으로 조성하여 놓았다. 불전으로 가기 위한 통로를 누각으로 만들고 그 아래는 좁게 만들었다.

밝은 빛을 통제하고, 계단을 오르면서 조금씩 불전을 보여주다가 마지막 계단을 올랐을 때 밝은 빛이 한꺼번에 쏟아지게 하여 불국토를 전체적으로 눈부시게 볼 수 있도록 만들어 놓았던 것이다.

특히 영주 부석사의 경우에는 불이문 자체가 그렇게 보이도록 범종각부터 명암을 강조한 시각적 효과를 주고 있으며, 종루 계단을 다 올라와서 오른쪽으로 약 45도를 비켜서 보면 불이문이 보이도록 하여 미적 효과를 더 높이고 있다.

다시 불이문에 이르면 불전 위만 멀리서 조금씩 보이다가 마지막 계단에 오르는 순간부터 장엄한 무량수전이 펼쳐지도록 해 놓았다. 그렇게 전체 조망을 통제하여 마지막 계단을 올랐을 때 장엄한 느낌으로 불국토가 펼쳐지도록 하여 부처님의 장엄한 세계를 감동적으로 느끼게 하였다.

그것은 수행자가 일주문, 천왕문, 그리고 불이문에 이른 목적이 바로 부처님의 세계를 찾아오도록 하기 위함이고, 그 목적지가 바로 불이문을 지난 세계이기 때문이다.

1. 불이문 현판
2. 안동 봉정사 불이문
3. 해남 대흥사 불이문(가허루)
4. 영천 은해사 불이문에서 본 전경

영주 부석사 불이문을 통과한 위치에서 내려다본 정경

그러므로 불이문에서 바라본 그 빈 마당 공간은 사찰 문화의 백미이며 각 사찰 문화 예술미의 최고 완성된 형태를 맛보는 곳이다.

진정 이곳은 사찰의 최고 보물이며, 값으로 따질 수 없는 최고의 국보이다. 이는 동양 정신 문화의 진수이며, 세계 인류 정신 문화의 최고봉이다. 반만 년 역사의 총체를 드러낸 곳이며, 4500백 년 불교 문화의 엑기스라고 할 것이다.

불교 사찰은 바로 빈 공간을 보여주기 위해 배려된 곳이며, 사찰의 조성자는 이 빈 공간을 제대로 보여주기 위해 모든 지식과 경험과 능력을 쏟아붓는다.

이는 사찰 뒷문을 열어 비로자나불을 보여주는 것과 같은 곳이며, 화엄사상을 한마디로 응축한 곳이며, 선의 진수이며, 부처님의 모든 것이다. 사찰은 이곳 이외는 모두 군더더기이며, 이를 다시 부연 설명하게 만들어 놓은 것에 지나지 않는다고까지 말하고 싶다.

이 마당은 다시 전각 안의 불상으로 연결되어 본존불이 내려다보고 있는 곳이기도 하다. 본존불을 찾아온 중생들에게 본존불은 진리를 설명해 주는 모습을 취하고 있으면서 본존불이 내려다보는 마당을 보기를 중생들에게 권하고 있다.

하나의 예로, 바로 부석사 무량수전 배흘림기둥에 기대어 선 곳과 같은 곳이 극락세계이며, 열반의 세계이며, 성불의 경지이며, 행복이라는 것이 무엇인지를 보여 주는 곳이다. 그렇기에 사찰은 수행자들이 완성된 경지를 직접 맛보는 곳이며, 사찰을 찾는 누구에게나 불교의 이상향을 직접 느끼도록 배려해 놓은 공간이다.

그러나 모든 사찰이 이러한 공간을 만들어 놓고 있는 것은 아니다. 수승한 큰스님이 계셨거나, 훌륭한 장인들이 참여하였거나, 왕실 기관의 뛰어난 기술이 가미된 전통 사찰인 경우에 많이 접할 수 있다.

요즘 사찰이 선조의 기법을 계승한 전문가의 부재로 인해 실용성을 우선하여 구조를 변경하게 되면서 불교철학이 담긴 이러한 공간이 파괴되어 나가니 아쉬움이 크다. 차라리 건드리지 않은 과거의 전통 사찰에서 그나마 이러한 공간을 맛볼 수 있어 위안으로 삼는다.

불국토의 표상-법당

불이문을 지나 나타난 불전은 먼저 넓은 마당이 있고, 그 마당에는 석등과 석탑이 있으며, 좌우에는 수행선방이나 종무소 및 요사채가 배치되어 있다.

불이문을 지나서 전면에 보이는 불전의 현판을 바라보면 중심 부처님이 누구인지, 또 어떠한 불국토인지를 알 수 있다.

만약 불전의 현판에 대웅전, 또는 대웅보전이라 적혀 있으면 석가모니 부처가 중심 부처님이고, 석가모니 부처님의 불국토이다.

반면 미타전, 극락전, 무량수전 등으로 적혀 있으면 아미타불 부처님이 중심 부처님이며 극락정토를 상징한다. 대부분 사찰은 대웅전이나 미타전, 또는 극락전으로 되어 있다. 그것으로 석가모니불이나 아미타불이 모셔져 있다는 것을 알 수 있다. 각 부처님의 세계와 불전의 명칭은 뒤에서 다루기로 하고 여기서는 불전의 외형으로 관심을 돌려 보자.

불전의 전체적인 외형을 보면 지붕은 기와로 이루어져 있고, 그 기와의 맨 윗부분인 용마루가 사찰의 배경 및 하늘 등과 조화롭게 어우러져 있다. 이처럼 우리나라의 불전은 자연과 조화를 가장 중요하게 여기고 있다.

가장 상단 용마루의 배경을 비롯하여 기와를 따라 시선을 아래로 돌리면 기와 아래의 서까래와 추녀 등에 단청이 화려하게 되어 있는 것을 볼 수 있다. 단청은 목재 건축물을 오래 보존하기 위해 개발되었다. 단

1. 법당 앞 백토가 있는 전경
2. 경주 불국사 난간 아래 물이 나오는 곳과 아랫돌에 물이 물안개로 변하는 곳

청에는 옛날부터 자연색소를 사용하고 있지만, 그 색채가 자연과 어우러짐을 최대 과제로 하고 있다.

또 기둥은 자연적으로 굽은 재목을 가공하지 않은 채 그대로 사용하는 경우가 많다. 기둥을 받치고 있는 초석도 다듬지 않는 자연석을 활용하고 있어 사람이 인위적으로 만든 건축물일지라도 자연과 어울리고자 노력한 흔적들을 곳곳에서 볼 수 있다.

그런데 불이문을 통과한 뒤 마당에서 불전으로 가자면 다시 석축으로 기단이 조성되어 있고 그 석축 위에 불전이 있으므로 약간의 계단을 더 밟고 올라가야 한다. 계단을 밟고 불전을 향해 올라가면 정면 앞의 흙이 백토인 것을 볼 수가 있다.

아침 햇살이 비출 때 불전 앞에 난 문을 열면 햇살이 백토에 반사되어 대웅전 안에 간접적인 조명효과를 준다. 햇살이 금이나 동으로 된 불상에 반사되어 부처님의 미소가 살아나게 하고, 또 이 햇살이 대웅전 안을 은은하게 밝혀 주는 자연반사 조명으로 이용한 것이다. 선조들이 자연을 최대한 활용한 지혜를 엿볼 수 있다. 대웅전에는 굳이 인공조명을 쓸 필요가 없다.

한편 석굴암의 경우에는 인공석굴 안의 습도를 조절하기 위해 바닥에 물이 흐르게 해 놓았다. 이러한 물의 온도를 이용한 습도조절 방법은 석굴암뿐만 아니라 불국사와 감은사 대웅전에서도 찾아볼 수 있다. 자연스런 물의 흐름은 겨울에는 따뜻함을, 여름에는 시원함을 느끼게 해준다. 그러나 애석하게도 오늘날 석굴암은 일제강점기에 훼손되어 물을 이용하지 못하게 되었고 현재 밀폐된 공간에서 에어컨과 난방기로 습도를 조절하고 있다.

서울 강남구 삼성동에 있는 봉은사에는 미륵대불을 조성해 놓았다. 그 앞 광장을 대리석으로 깔아 놓았는데 겨울에는 바닥이 너무 차가워서 발이 시리고 여름에는 햇빛으로 너무 뜨거워 맨발로 올라서기가 어렵다.

그런데 사부대중이 의견을 내어 대리석 밑으로 물이 흐르게 하는 방법을 제안하였다. 여름에는 시원하고 겨울에는 상대적으로 따뜻하게 만들자는 의도였다. 이것은 조상의 지혜를 활용하는 좋은 예이다.

요즈음 사찰의 불전 대부분은 바닥이 나무로 깐 마루로 되어 있지만, 과거의 전각을 보면 바닥에 전돌을 깔아 놓은 경우가 많다. 전돌을 깔아 자연수를 이용한 온도와 습도 조절을 하였을 것으로 추측된다. 이 부분에 대해서는 아직 알려지지 않은 부분이 많아 앞으로 계속 연구해 볼 만한 과제가 아닌가 한다.

이제 우리가 절을 찾아온 목적이자 가장 하이라이트인 불전에 들어가 보기로 하자. 그런데 정작 불이문까지 통과한 사람들이 불전을 잠시 기웃거리다가 다른 곳으로 가는 경우가 많다. 하지만 불전은 꼭 들어가 보아야 한다. 불전 안에는 색계와 무색계의 천상세계와 보살이나 부처님의 세계를 표현해 놓았고, 또 사찰은 바로 이 불전 안의 세계를 보여 주고자 그렇게 많은 조형물을 조성했기 때문이다.

불전의 옆문으로 들어가면 부처님이 앉아 계신 곳에 높은 단상이 있음을 볼 수 있다. 이것을 불단, 또는 수미단이라 한다. 불단을 수미단이라 부르게 된 인연설

법당 내 본존불과
좌우보처 전경

화는 석가모니 부처님이 어머니 마야 부인을 위해 수미산 정상에서 설법을 한 데서 유래하였다. 불단의 형태는 일반적으로 정방형 또는 장방형이며, 수미산을 상징한다.

불단은 부처님의 상을 모신 자리이기 때문에 신령계의 환상적인 동물들, 현실세계의 상서로운 상징물 그리고 불교적인 상징물들이 한데 어우러진, 신비롭고 아름다운 장식과 문양들로 가득 차 있다.

먼저 아래로부터 보면 물속에 사는 여러 중생을 비롯하여 꽃과 각종 축생들, 천상계의 천인들까지 표현해 놓았고, 그 위에 부처님이 연꽃을 방석 삼아 좌정하고 앉아 계심을 볼 수 있다. 좌정한 부처님은 손 모양에 따라 의미하는 것이 각기 다르다.

그러므로 손 모양을 자세히 살펴보고서 무엇을 말하고자 하는지 알아야 한다. 중앙의 부처님을 모신 의미를 보완하고자 좌우에 부처님이나 보살이 모셔져 있다.

시선을 부처님의 위쪽으로 돌리면 화려한 보궁이 펼쳐져 있고, 그 주위로는 천상의 기이한 용과 봉황이 날고 있으며, 구석구석마다 불 · 보살상이 그려져 있음을 볼 수 있다.

천장의 화려함은 부처님의 세계가 장엄하고 화려함을 상징하는 것이다. 이러한 화려함에 시선을 빼앗기면서도 잊지 말아야 할 것이 있다. 지금 여기 불전에 있는 나는 어떠한 존재이며, 이러한 장엄한 세계 속에서 나는 지금 무엇을 위해 어떻게 하고 있는가를 성찰해 볼 시간을 갖는 것이다. 조용하고 넓은 불전 안에서 잠시 좌정하여 내심의 소리도 들어 보고 자연의 소리도 마음껏 편안하게 음미해 보라.

우리나라의 전통사찰은 그 주위 산세에서도 가장 좋은 기운이 맺혀 있는 곳이다. 특히 불전은 그 사찰에서도 가장 좋은 터이고 편안한 곳이다. 쓸데없이 주위를 배회하며 아픈 다리를 풀 참으로 불전 안을 기웃거리거나 마루에 걸터앉아 눈치를 볼 필요가 없다. 불전은 공개된 곳이고, 누구나 앉아서 자신을 돌아볼 여유를 갖도록 배려된 공간이다. 들어가서 편히 쉬어도 좋은 곳이다.

그러나 사찰 전역이 그러하지만, 특히 엄숙하고 장엄한 공간임을 생각한다면, 불전 안에서 잡담과 혼란스런 행동은 스스로 자제해야 한다. 부처님처럼 말없이 앉아 조용히 내심을 돌아보는 공간으로 적극 활용하자. 괴롭고 외로울 때나 어렵고 마음이 심란할 때 불전을 참배하는 것은 절의 존재 의미를 제대로 활용하는 것이 된다.

그동안 사찰이 단지 구경거리로 스쳐 지나가는 곳이 아니라 조용한 분위기라고 느꼈던 것은, 바로 절은 조용히 침잠하여 자신의 내면에서 해답을 구하라고 말없이 말해 주고 있는 곳이기 때문이었다. 절은 바로 그런 곳이고, 절의 의미를 제대로 전해 주는 곳이 바로 불전이다.

불단과 탱화

불단의 구성은 상대 · 중대 · 하대의 세 단으로 이루어진다. 이 세 단에는 연꽃 문양을 새긴다. 아래에는 복련, 위에는 앙련의 형식이다. 중대 부분에는 풀이나 꽃의 문양 등 화려한 장엄과 함께 거북 · 사슴 · 봉황 등의 상서로운 동물 그림이나 조각을 배치한다. 때로는 격자문을 배치한 위에 연꽃 문양이나 물결 또는 칠보 문양으로 장엄하기도 한다.

불단 위에는 불상대좌로서 수미좌가 놓이고 그 위에 본존불을 봉안한다. 본존불의 좌우로는 협시불을 봉안하고 부처님 뒤에는 후불탱화를 그려 놓는다. 사찰에 따라 후불탱화의 뒤 벽면에 다시 불화를 그려 놓은 곳도 있다.

내부 공간 구성

부처님 위로 보면 화려한 보개(또는 닫집)가 꾸며져 있고, 보개의 중앙에는 여의주를 물고 있는 용을 조각해 놓았다.

눈을 천장으로 돌리면 모든 불 · 보살과 천상계를 상징하여 화려한 단청으로 천장을 꾸며 놓았다. 공포와

벽 사이, 대들보 등에도 천상계의 불·보살을 그려 놓았다.

중단에는 부처님의 법을 보호하는 각종 천상의 신중들을, 더 아래로 내려가 하단에는 영가단을 설치하여 영가의 위패를 모셔 놓고 있다.

내부 공간의 바닥은 지금은 대부분 목재로 되어 있으나 예전 사찰에서는 벽돌을 구운 전돌이나 유리로 된 바닥재를 사용한 경우도 있다.

또한 내부 공간에서 천장의 꾸밈 방법에는 연등천장과 우물천장이 있다. 연등천장은 서까래가 드러나 보이는 양식으로 영천 은해사 나한전에서 볼 수 있다. 우물천장은 일반 사찰에서 많이 볼 수 있는 형태로, 서까래가 보이지 않게 천정을 만들어 놓은 양식이다.

특히 사찰 내부 공간에는 두 마리의 용머리가 대들보 위의 좌우에서 불단을 향해 있는 모습으로 조각해 놓았다. 이것은 용이 물을 다스리는 왕이라는 상징성이 있어 목조 건축물의 화재를 막는 역할을 하도록 조각해 놓은 것이다.

불전 안팎의 부처님 모습

불전 벽에 그려진 벽화의 세계

사찰의 벽에 그려진 그림을 벽화라고 한다. 사찰 건축물의 벽은 일반적으로 황토로 만들어져 있다. 황토로 만들어진 벽에 백토를 붙여 단장하고 금색의 단청을 입힌 뒤 그 위에 그림을 그린 것이다.

그림의 내용은 대체로 그 사찰의 창건에 얽힌 이야기로, 의상대사나 원효대사와 관련된 내용이 많다. 불교설화에 얽힌 이야기로 호랑이, 봉황, 흰 코끼리 등이 그려져 있기도 한다.

또 자기의 본래 마음을 찾아 진리를 깨달아 가는 과정을 소를 찾는 것에 비유한 '심우도(尋牛圖)'가 그려져 있기도 하다. 보통 10단계의 장면으로 이루어져 있으므로 '십우도(十牛圖)'라고도 한다.

십우도란 첫째 자기 본심인 소를 찾으러 감(尋牛), 둘째 소의 발자취를 봄(見迹), 셋째 소를 발견함(見牛), 넷째 소를 붙잡음(得牛), 다섯째 소를 길들임(牧牛), 여섯째 소를 타고 깨달음의 세계인 자기 집으로 돌아옴(騎牛歸家), 일곱째 이제 소가 달아날 걱정이 없으니 안심

십우도

됨(忘牛存人), 여덟째 다시 사람도 소도 본래 공임을 깨달음(人牛俱忘), 아홉째 산은 산이고 물은 물이듯이 있는 그대로의 세계를 여실하게 보아 본래의 마음자리로 돌아감(返本還元), 열째 중생을 건지기 위해 거리로 나감(入垂手) 등으로 구성되어 있다.

이와 같이 '심우도'는 인간의 본래 마음자리를 찾아가는 단계를 소를 중심으로 이야기를 구성한 것이다. 곧 첫째의 '심우'란 깨달음을 얻고자 처음으로 보리심을 일으킨 것, 둘째의 '견적'에서 여섯째의 '기우귀가'까지는 수행의 과정, 일곱째의 '망우존인'부터 여덟째의 '인우구망'까지는 깨달음을 얻는 과정, 아홉째의 '반본환원'은 열반의 경지에 이른 것, 그리고 마지막의 '입전수수'는 깨달음을 얻은 뒤 세상 안으로 들어가 중생들을 제도하는 단계를 상징적으로 나타내고 있다.

1. 부모은중경 벽화
2. 염화미소 벽화

'십우도' 이외에 부처님의 일대기를 그린 팔상도(八相圖)나 부처님과 관련되는 다른 장면도 많이 그려져 있다. 벽화 중에서 흰 뼈와 검은 뼈가 나오는 장면은 『부모은중경』을 설하는 장면이며, 연꽃을 들고 있는 모습은 '염화미소(拈花微笑)', 그리고 설산동자가 나찰에게 몸을 던지는 장면은 '설산구도의 과정'을 의미한다. 관 밖으로 발을 내놓은 장면은 심법을 전하는 것을 상징하는 것이다.

이처럼 각 벽에 그려진 장면마다 이야기가 담겨 있다. 그 내용들은 간략하게 설명할 수 있는 것이 아니므로 여기서 상세하게 설명하지 못하는 것이 아쉽다.

사찰 전각은 목재로 골격을 구성하고 황토를 이용하

1. 갈대 타고 오는 달마
2. 연꽃 타고 오는 관세음과 남순동자

여 벽면을 구성하고 있다. 이렇게 황토로 된 벽면은 건축의 내외를 구별 짓는 용도로 쓰이기도 하지만, 부처님이 앉아 계신 곳의 뒷면은 탱화를 그리는 데 활용되기도 한다. 대부분의 탱화가 종이류나 천을 이용하여 걸개처럼 만들지만, 곳에 따라서는 벽화로 된 곳도 있다.

이러한 후불벽화는 전남 강진에 있는 무위사와 전북 고창의 내소사, 그리고 경북 안동의 봉정사가 유명하다. 무위사와 내소사의 후불벽화는 부처님의 탱화가 그려져 있지만 그 뒤로 돌아가면 관세음보살상이 벽화로 그려져 있다. 그 탱화는 보는 이로 하여금 놀라움을 자아내게 할 정도로 뛰어나다.

그 밖에도 신라 때 솔거가 그렸다는 황룡사의 벽화는 날아가는 새가 벽화에 그려진 나무에 앉으려다 떨어져 죽었을 정도로 뛰어난 작품이었다고 하나 불에 타서 없어져 아쉽게도 지금은 볼 수 없다.

벽화의 특징은 물감이 벽면 안으로 스며들어 있어 벽면에 흠집이 생겨 겉면이 떨어져도 안쪽 벽면의 색채가 지워지지 않고 그대로 남는다는 점이다. 단지 물과

강진 무위사 후불 벽화

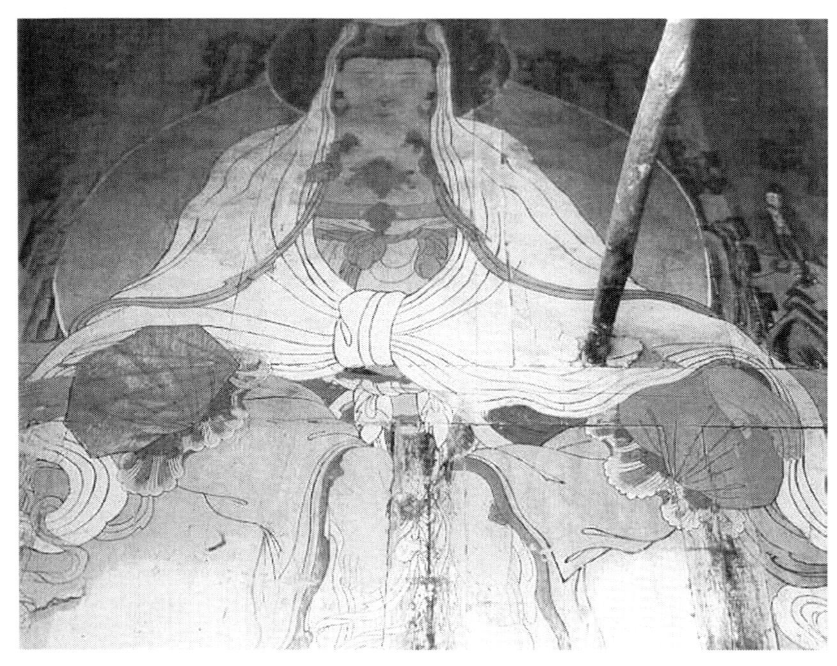

충격에 약해 영구히 보존하는 데 약점이 있어 많이 없어지고 현존하고 있는 벽화는 대부분 국보나 보물로 지정되어 보존되고 있다.

부처님 계신 곳-불전

불전은 신앙의 대상인 불상이나 보살상 등을 모신 건축물을 통틀어 일컫는 말이다. 인도에서는 부처님을 금빛이 나는 분이라는 뜻에서 금인(金人)이라 하였다. 그래서 신라 시대에는 부처님을 모신 집을 금당이라고 불렀다. 왜냐하면 부처님 몸의 색이 금색, 곧 은은한 자줏빛이 풍겨나는 자금색을 띤 금색의 몸을 가진 부처님을 모신 집이기 때문이다.

고려 초기까지 본존불을 모신 사찰의 중심 건물을 금당이라 부르다가, 고려 초기 이후에는 본존불의 성격에 맞추어 건물의 명칭을 대웅전 · 미타전 · 대적광전 · 미륵전 · 극락전 · 용화전 등 여러 명칭으로 부르고 있다.

불전은 가장 좁은 의미로는 사찰의 중심 건물인 본전(本殿)을 가리키고, 조금 넓게 보면 부처를 모신 불전(佛殿)과 보살을 모신 보살전(菩薩殿)를 합쳐서 말하며, 가장 넓은 의미로는 신앙과 예배의 대상이 되는 모든 전각(殿閣)을 포함한다.

오늘날 불전은 일반적으로 법당(法堂)으로도 불리고 있다. 그러나 불교사적 맥락에서 보면 법당은 선종에

해남 대흥사 대웅전 내부

서는 법문을 설하는 곳을, 교종에서는 강당과 같은 성격을 띠어 법문을 설하고 종지를 천명하며 각종 법회 의식을 주관하는 곳을 일컫는 등 통일되지 않게 쓰이고 있다.

그리고 법당은 사격(寺格)이 갖추어지지 않은 사찰 그 자체를 의미하는 것으로까지 사용되는 등 이 글의 전개와 맞지 않는다. 또한 사찰의 중심은 불전이고 사찰은 부처님 세계를 표현한 곳이며 그 밖의 전각은 그것의 부속물에 지나지 않는다.

1. 상단 불단
2. 중단 신중탱화

불전 안은 어떻게 이루어졌는가

불전은 모든 중생계가 응축된 곳이며, 불전에 계신 중심 부처님의 국토를 상징한다. 불전은 크게 상 · 중 · 하 세 단으로 나뉘어 있다. 공중에는 천상의 날짐승들을 조각하여 매달아 놓았고, 화재를 막기 위해 물을 주재하는 용이 있으며, 천장은 천상세계의 장엄함을 상징하여 화려하게 단청으로 꾸며 놓았다.

상단에는 수미산 모양을 본떠서 수미단을 만들어 그 수미단 위에 불 · 보살을 모시고, 부처님과 관련한 후불탱화를 봉안하였다. 중단은 불법을 수호하고 불법을 설하는 사람을 보위하며 사찰을 수호하는 호위신장들과 신중탱화를 모셨다. 하단은 사바세계의 인연을 다한 영가들을 모신 곳으로 영가 위패가 마련되어 있다.

불전에 들어가면 먼저 상단에 예의를 표한 뒤 중단에 예의를 표하고 마지막으로 하단에 예의를 표하면 된다. 예의를 표현하는 방법은 먼저 반 배를 한 뒤 오체투지로 삼배를 올리고 마지막으로 다시 반 배를 올린다.

불전에 깃들어 있는 것

불전은 전(殿)과 각(閣)으로 나누어진다. 숭배의 대상인 부처님이나 보살이 모셔져 있는 곳을 전이라고 한다.

전통적인 불교의 입장에서는 부처님이나 보살 외에 신앙의 대상이 될 수 없으나 우리나라 민간신앙의 측면에서 중요시되어 불교에 수용된 산신 · 칠성 · 용왕신 등이 모셔져 있는 곳을 각이라고 한다.

건축물의 명칭과 위계

전통 건축물은 위계에 따라 명칭을 정해 왔는데 위계대로 살펴보면 폐(陛), 전(殿), 당(堂), 합(閤), 각(閣), 재(齋), 헌(軒), 누(樓), 정(亭)이다.

'폐(陛, 계단)'는 천자, 즉 황제가 거처하는 곳을 이른 말이다. 원래 폐란 건축명이 아니라 하늘궁전에 오르는 계단 밑이라는 뜻에서 유래한 것이지만 중국에서 신하는 천자(天子: 皇帝)에게 직접 주상(奏上)하지 못하고 계단 밑에 있는 시자를 통하게 된 데서 천자를 존대하여 부르는 명칭이 되었다. 폐하란 하늘에 고하고자 계단에서 시위(侍衛)하는 자를 말하니 곧 천자를 부르는 말이며 또한 폐라는 건축물에 기거하는 자를 뜻하는 말로 변화되어 하늘에 제사 지낼 수 있는 유일한 존재인 황제를 이르는 말이 되었다.

유교에서 천자만이 하늘에 고할 수 있으며, 왕은 하

늘에 직접 고하지 못하고 천자에게만 고(제례)하게 된다. 다시 군신은 왕에게 제사를 지내고, 각 가문의 후손들은 조상에게만 제사를 지낼 수 있게 되는 위계가 있는 것이다.

한국의 경우 조선 시대에는 전하(殿下) · 상감마마가 통례적인 임금의 경칭이었으며, 고종이 대한제국의 황제가 된 후에 폐하라는 경칭을 사용하였다. 그후 한말에 대원군을 합하(閤下)라 부른 적이 있으며, 일제 이후 조선의 위상이 격하되어 지금도 대한민국 정부의 대통령을 각하(閣下)로 부르고 있으니 참으로 안타까운 일이 아닐 수 없다.

'전(殿)'은 궁궐의 여러 건축들 가운데 가장 격이 높은 건물로서 왕의 즉위식, 세자의 혼례식 등 왕실의 주요한 의전행사가 열리는 공간이나 왕이 임석한 조회 등 공식 업무를 수행하는 공간으로 사용된다. 원래 중국에서는 전차, 곧 왕의 당(堂)을 구별하여 말할 때나, 승상과 같은 고위 관리가 있는 높고 엄숙한 집을 말할 때 전(殿)이라고 하였다.

'당(堂)'은 전에 비해서 격이 한 단계 떨어지는 곳으로서 의전 행사 장소보다는 일상 업무나 기거용으로 더 많이 쓰였다. 이를테면 왕의 핵심 신료들을 만나 정사를 논의하는 곳을 연거지소(燕居之所)라고 하는데, 연거지소에는 대부분 당호가 붙는다. 그 뜻으로는 집을 반으로 나누어 앞쪽 빈 부분을 당(堂)이라 하고, 뒤쪽 막힌 부분을 실(室)이라 하였다. 또 다른 의미로는 햇볕을 바로 받는 집을 가리키거나 또는 예의를 밝

히는 곳 즉 의식을 갖추어 외부사람을 만나는 장소를 가리켰다.

'합(閤)'은 대체로 전(殿)에 부속되어 있는 건물이지만 전의 일부를 이루는 것이 아니라, 그 자체가 어느 정도의 규모를 갖추고 독립되어 있는 집이다. 중국에서는 문 옆에 있는 집을 규(閨)나 합(閤)이라 했는데, 작은 규를 합이라고 한다고 했다.

'각(閣)'은 규모 면에서 전이나 당보다는 떨어지며, 전이나 당의 부속건물이거나, 독립된 건물로 되어 있다. 독립된 건물인 경우 부속건물을 많이 거느리지 않고 비교적 단출하다. 용도의 면에서는 기거용보다는 보고적인 기능을 담당하는데, 왕실과 직접적으로 관련된 물건을 보관하거나 주요 관측 시설과 관련된 기능이 많다. 원래는 누(樓)가 겹쳐 있는 집을 각이라고 한다.

'재(齋)'는 숙식 등 평상 주거용으로 쓰이거나. 주요 인물이 조용하게 지낼 수 있는 독립된 건물로서, 규모 면에서 전이나 당에 비해 작은 편이다. 아직은 출가하지 않은 대군 · 공주 · 옹주들의 집이거나, 세자궁 소속 인물들이 기거하는 곳 또는 격이 높지 않은 후궁의 집인 경우가 대부분이다. 주로 학업, 사색을 위한 공간이나 그와 관련된 서고와 같은 기능을 가진 것이 많은 듯하다.

'헌(軒)'은 전(殿)의 좌우에서 이를 보좌하는 형태의 익각(翼閣)이거나 따로 독립된 건물로도 위치하였다. 전의 익각인 경우에는 전의 주인에게 보조적으로 활용이 되고, 공무적 기능을 가진 경우는 특별한 인물의 전용공간이 되었던 듯하다.

'루(樓)'라는 글자가 이름에 붙은 집은 온돌이 아니라 지면에서 사람 키 높이 가까이 위로 떨어진 마루로 되어 있는 형태이다. 루는 주요 건물의 일부로서 마루방 형식인 경우와 이 층 건물의 이 층인 경우 혹은 정자처럼 작은 독립 건물인 경우가 있다.

또한 기능적으로 살펴볼 때 루(樓)는 정과는 달리 내전의 생활 공간에 연접되어 배치되거나 독립적으로 위치하고 있는 것이 특징이다.

'정(亭)'은 우리가 흔히 정자라고 하는데, 경관이 좋은 곳에 두고 휴식이나 연회 공간으로 사용하는 작은 규모의 집을 가리킨다. 지붕 모양이 사각형 이외에 육각형, 팔각형을 이루고 있으며, 곳에 따라서는 부채꼴을 이루는 형태도 있다. 궁궐에 있어서 '정'은 대부분 후원 지역에 집중적으로 위치하고 있다.

'대(臺)'는 일반적으로 사방을 훤히 바라볼 수 있는 높은 곳에 위치한 건물을 가리킨다. 궁궐에 있어서 대는 평지보다 높은 곳에서 사열, 과거, 자연물 등을 내려다보는 장소에 위치하는 것이 특징이라 할 수 있다.

1. 양산 통도사 적멸보궁 현판
2. 고성 건봉사 적멸보궁과 열반상

적멸보궁

적멸보궁이란 석가모니 부처님의 진신사리를 모신 사찰의 전각이다. 적멸보궁은 석가모니 부처님이 고대 인도 마가다 국 보디가야의 남쪽 나이란자 강 부근 보리수 아래서 『화엄경』을 설했던 곳을 적멸도량이라 하였던 데서 비롯되었다.

적멸은 모든 번뇌의 불이 꺼져 미혹의 세계를 영원히 벗어난 열반의 다른 이름으로 쓰인 말로서, 보통 석가모니 부처님이 육신을 지니고 계시다 열반하신 것을 뜻한다. 석가모니 부처님의 진신사리(眞身舍利)를 모신 곳은 전(殿)이라는 표현보다는 한 격 높은 궁전이라는 용어를 사용한다.

그러므로 적멸보궁이란 진신사리를 모심으로써 석가모니 부처님이 항상 이곳에 계신다고 믿어 따로 불상을 안치하지 않고 불단만 갖추었으며 적멸보궁 밖에 사리탑을 세우거나 계단을 만들어 진신사리를 모신다.

우리나라에는 양산 통도사, 오대산 상원사 위에 있는 중대, 태백산 정암사, 설악산 봉정암, 그리고 영월

영월 법흥사 적멸보궁

법흥사의 적멸보궁이 5대 적멸보궁으로 유명하다. 이 밖에 김제 금산사와 진주 다솔사 적멸보궁도 있다.

특히 통도사의 적멸보궁은 사리탑을 중심으로 불교의 계율을 받는 금강계단으로 유명하다. 금강계단이란 금강보계를 설하는 단이란 뜻이다. 금강석을 깨뜨릴 수 없듯이 계를 한번 받아 지니면 오래도록 깨뜨리지 않고 지닌다고 하여 붙여진 이름이다.

이런 인연은 자장율사가 신라 선덕여왕 15년에 당나라 종남산 운제사에서 부처님의 사리, 정골(頂骨) 그리고 패엽경 등을 얻어 와 왕과 함께 취서산 아래 구룡연에서 용을 위해 설법하고 그 연못을 메워 금강계단을 쌓고 사리, 정골 그리고 패엽경 등을 그 속에 모셔 모든 국민들에게 승속을 가리지 않고 계를 설하는 근본 도량으로 많은 사람들이 계를 받고 부처님의 법을 믿게 되었던 데서 비롯되었다.

자장율사는 통도사뿐만 아니라 황룡사 구층탑과 지금은 없어진 울산 태화사에도 사리를 봉안하였는데,

그 뒤 외침을 겪으면서 사리가 이동되기도 하여 현재에는 다섯 곳에 부처님의 진신사리를 봉안하고 있다.

특히 정암사는 사명대사가 임진왜란 때 통도사의 사리를 나누어 봉안한 곳이다. 그 뒤 부처님의 사리가 우리나라로 이운되면서 부처님의 사리를 봉안하여 사리탑을 만들어 적멸보궁으로 모시고 있는 절이 많다.

대웅전

대웅보전(大雄寶殿)이라고도 한다. 대웅전이란 불교의 교주이신 석가모니 부처님의 상을 주존불로 모신 곳을 말한다. 대웅이란 『법화경』에서 석가모니 부처님을 큰 영웅, 곧 대웅(大雄)이라 한 데서 유래되었다.

대웅전은 석가모니불이 임하는 곳이고 사부대중이 예배를 드리고 설법을 듣는 영산회상이며 피안을 향해 가는 반야용선의 선실을 상징하는 곳이다. 따라서 대웅전은 사찰 안에서 가장 중심에 위치하고 주존불을 석가모니불로 모신다. 그러나 시대와 장소 등에 따라 그 옆에 모시는 협시불이나 보살은 조금씩 다르다.

대웅전은 주존불인 석가모니불을 중심으로 좌우에 문수와 보현 두 보살을 모신다. 이때 문수는 지혜를 상징하여 사자를 타고 있고, 보현은 실천을 상징하여 코끼리를 타고 있는 모습이다. 이것은 성불하기 위해서는 지혜를 갖고 실천을 통해 수행하여야 부처가 될 수 있다는 것을 말없이 가르쳐 주고 있다.

문수보살은 지혜를 상징하는 보살이다. 겉모습은 화관을 쓰고 있고 석가모니불 왼쪽에서 연꽃을 들고 있기도 한다. 그러나 오른쪽에 있는 실천행을 상징하는

화순 쌍봉사 석가모니불과 아난(좌)과 가섭(우)

보현보살과 겉모습으로는 잘 구별되지 않는다. 그러므로 앉아 있는 위치로 파악하는 것이 더 편리하다.

이 두 보살은 석가모니불이 주존불일 때 반드시 부처보살로서 함께 모셔지므로 석가모니불을 중심으로 부처님 왼쪽이 문수보살, 오른쪽이 보현보살이라 이해하면 된다. 또는 사찰에 따라 대웅전 바깥쪽 벽화에 사자를 타고 문수보살과 코끼리를 타고 있는 보현보살이 그려져 있어 그들이 타고 있는 동물에 따라 구분할 수도 있다.

대웅전에는 삼존불을 봉안하는 경우도 있다. 즉, 석가모니불을 주존불로 하고, 조상의 극락왕생과 내생의 행복이 직결되는 아미타불과 고통받는 병자나 가난한 사람을 구원하는 자비의 약사여래를 협시불로 좌우에 모시는데 이때에는 대웅전의 격을 높여 대웅보전이라고 부른다. 또 그 좌우에는 각기 그 협시보살을 봉안하기도 한다.

또 석가모니불을 주존불로 봉안하고 그 좌우에 제화갈라보살과 미륵보살, 또는 연등불과 미륵불을 협시로 모신다. 제화갈라보살은 연등불로서 과거불이고, 석가모니 부처님은 현세불이며 미륵보살은 다가오는 미래 세상에 성불하여 부처가 될 미래불이므로 과거·현재·미래로 이어지는 삼세불을 모신 셈이다.

경우에 따라서는 심법제일(心法第一)의 가섭존자와 설법제일의 아난존자를 보처로 봉안하여 선법과 교법을 상징하기도 한다.

가섭존자는 염화미소로 우리에게 잘 알려져 있는데, 부처님께서 가섭존자에게 심법을 전한 세 가지 사건을 삼처전심이라고 한다.

그중 첫째는 부처님께서 영산회상에 계실 때 많은 제자들이 보고 있는 가운데 조용히 연꽃을 들어 올리니 가섭존자만 빙그레 미소를 짓자 부처님께서 '나에게 정법안장(正法眼藏) 열반묘심(涅槃妙心)이 있으니 이를 가섭에게 전한다'라고 말하였다는 데서 염화미소(拈華微笑)·염화시중(拈華示衆)·이심전심(以心傳心) 등으로 잘 알려져 있는 사건이다.

두 번째 일화는 다음과 같다. 부처님께서 다자탑 앞에서 많은 대중들에게 설법을 하기 위해 앉으셨다. 모든 이들이 다 모였는데 가섭존자가 늦게 도착하여 앉을 자리가 없음을 보신 석가모니 부처님께서 가섭존자에게 부처님 자리를 반으로 나누어 함께 앉게 하셨다. 이를 다자탑전(多子塔前) 분반좌(分半座)라고 한다.

마지막 사례는 부처님께서 열반에 드신 후의 일이다. 제자들은 슬프고도 안타까워하며 장례를 치렀는데 마지막 날에 다비(茶毘)를 준비하기 위해 장작을 쌓고 그 위에 부처님의 시신이 담긴 금곽을 올려 놓았다. 하지

곽시쌍부도
부처님 발이 관 밖으로 나옴

만 모든 일이 준비되었는데도 부처님의 상수제자인 가섭존자가 가장 늦게 도착하였다. 늦게 도착한 가섭존자가 부처님의 곽 앞에서 세 번 절하고 천천히 오른쪽으로 세 바퀴 돌고 부처님 발 아래에 다시 세 번 절을 올리니 갑자기 부처님의 발이 관 밖으로 나왔다. 이를 일러 곽시쌍부(槨示雙趺)라고 한다.

이상의 세 가지 사건을 부처님께서 가섭존자에게 심법을 전한 삼처전심이라고 한다.

한편 아난존자는 평생 부처님을 시봉하며 부처님의 법문을 빠뜨리지 않고 모두 다 기억하였던 제자로서 부처님께서 열반하신 뒤에는 아난존자의 기억력에 의존하여 경전을 결집하였다. 경전의 첫머리에 아난존자가 들은 것을 나타내는 '여시아문(나는 이렇게 들었다)'이라는 표현이 있는 것은 바로 이런 이유이다.

1. 왼쪽으로부터 아미타불, 비로자나불, 약사불
2. 합천 해인사 대적광전

대적광전 · 비로전

연화장 세계의 교주이자 영원한 진리의 당체인 비로자나불을 본존불로 모신 전각이다. 『화엄경』의 연화장 세계가 곧 대적정의 세계인 열반의 경지라는 뜻에서 대적광전이라 하고, 또 『화엄경』의 본존불인 비로자나불을 모신다는 뜻에서 비로전, 화엄종 계통의 사찰에서는 『화엄경』에 근거하여 이 불전을 본전으로 삼는 데서 화엄전이라고도 한다.

비로자나불은 부처님의 가르침, 곧 법을 형상화한 부처님이다. 원래 부처님은 형상이 없으므로 부처님의 가르침, 곧 불법을 형상화하는 방안으로는 일원상(一

圓相)이나 허공을 상징하는 조형물을 모시기도 한다.

하지만 그렇게 하면 중생이 현혹되어 불법을 제대로 인식하지 못하므로 다른 부처님처럼 형상화한 것이 비로자나불이다. 그러므로 비로자나불은 물리적으로 존재하는 부처님이 아니라 법을 관념화하여 상징물로 만든 부처님이다.

통일신라 때 중국으로부터 들어온 9산선문의 영향으로 선법이 전해지면서 법을 상징하는 비로자나불을 많이 조형하였으나 형상에 얽매이지 않는 선법의 영향으로 그 조형에 따른 미술적인 완성도는 떨어진다. 깨달음을 얻기 위해 일념으로 수행하는 선종 사찰에 많이 모셨던 부처님이었으므로 중생의 서원을 들어주고 해결해 주는 다른 부처님들과는 약간 거리가 있다.

대적광전에는 법신불인 비로자나불을 본존불로 모시고 좌우에 보신불과 화신불을 협시로 하는 삼신불을 모시는 것이 상례이지만 선종 사찰에서는 청정법신 비로자나불 · 원만보신 노사나불 · 천백억화신 석가모니불의 삼신을 봉안하기도 하고 해인사 · 금산사 대적광전 등에는 삼신불로 아미타불과 약사여래불을 모시고 있다.

또한, 대적광전의 위치가 대웅전과 동등한 위치를 차지하는 경우가 많으므로 보통 신중을 모신 신중단(神衆壇)과 영가를 모신 영단(靈壇)을 함께 마련하며, 신중단에는 신중탱화를, 영단에는 감로탱화를 봉안한다. 유명한 곳으로는 합천 해인사 대적광전, 김제 금산사 대적광전, 구례 화엄사 각황전 등이 있다.

영주 부석사 무량수전
부석사의 아미타 부처님이 계시는 곳으로 극락세계를 상징한다. 이곳은 특히 극락세계의 느낌을 주는데 마당에 서면 아래쪽 소백산 일대의 전경이 시원하게 펼쳐진다. 그리하여 불이문을 통과한 존재들에게 극락을 맛보게 해준다.

극락전 · 미타전

불교도의 이상향 서방극락정토의 주존불인 아미타불을 모신 곳이다. 극락은 서쪽에 있다고 생각하였으므로 아미타불은 동쪽을 바라보도록 배치되어 있다. 아미타불은 그 광명이 끝이 없어 백천억 불국토를 비추고, 그 수명이 한량 없어 백천억 겁으로 셀 수 없다하여 '무량수(無量壽)', '무량광(無量光)'으로 부른다. 그래서 극락전을 '무량수전(無量壽殿)' 혹은 주불의 이름을 따라서 '미타전(彌陀殿)'이라고도 한다.

아미타불의 좌우 보처로는 관세음보살과 대세지보살이 모셔진다. 관세음보살은 지혜로써 중생의 음성을 관하여 그들을 고통으로부터 벗어나게 해 준다. 대세지보살은 지혜의 광명으로 모든 중생을 두루 비추어 헤아릴 수 없는 무한한 힘을 얻게 해 준다.

아미타불을 모신 극락전을 중심으로 구성되는 사찰은 극락국토를 상징하는 사찰이므로 후불탱화로는 주

강진 무위사 미타삼존불

로 '극락회상도'가 사실적으로 묘사되어 모셔진다. 또 극락국토를 상징하는 사찰은 대부분 구품 연못을 구성하고 연꽃과 관련된 내용을 간직하고 있다. 그러므로 극락의 9품 연화대를 그린 '극락구품탱화'와 '아미타탱화'를 모시기도 한다.

아미타불이 다스리는 국토는 극락세계이기에 아미타불을 일념으로 간절히 염하면 어떤 중생이든 극락의 구품연화대 속에서 '다른 것에 의존하지 않고 스스로 나타난다'고 하였다. 이를 표현한 것으로는 불국사의 연화교와 구품연지 등이 있다.

아미타 신앙이 도입된 신라 때에는 아미타불을 일념으로 외우면 현세에서 성불하여 극락세계에 갈 수 있다고 하였다. 그렇지만 그 뒤 많은 세월 동안 민간에 구전되면서 사후에 갈 수 있는 세상으로 잘못 인식되어 오늘날에는 영가 천도의식에서 사후세계인 극락세계에 왕생을 기원하는 염불로 아미타불을 찾고 있다.

우리나라의 대표적인 극락전으로는 안동 봉정사 극락전, 영주 부석사 무량수전, 영천 은해사 백흥암의 극락전, 군위 석굴암, 강진 무위사 극락전 등이 있는데 주로 영남권 사찰에서 많이 볼 수 있다.

이 가운데 봉정사 극락전와 부석사 무량수전은 우리나라의 가장 오래된 목조 건축물로 국보로 지정되어 있다. 또 극락전을 중심 불전으로 삼는 사찰에는 극락의 다른 이름인 '안양(安養)'을 따서 안양교 · 안양문 · 안양루 등의 건물도 함께 있는 것을 볼 수 있다.

약사전

약사여래의 국토는 수미산을 중심으로 동쪽에 위치하고 유리(瑠璃)로 만들어진 국토이다. 그 국토를 다스리는 부처님은 동방약사유리광여래불이다. 그 부처님을 모신 전각은 유리광전(瑠璃光殿)이라고도 하고, 또 동방에 만월세계를 이루었기 때문에 만월보전(滿月寶殿)이라고도 한다.

약사전은 병든 중생의 고통을 없애 주고 치료해 주는 약사여래를 주존불로 모신 전각이고, 보통 동쪽에 위치한다. 왼손에 약병을 손에 들고 앉아 있거나 서 있는 형상이다.

또 약사여래는 중생의 질병을 치료해 주고 이들의 아픔과 슬픔을 소멸시켜 주며 수명을 연장시켜 주고 모든 재난을 없애 주겠다는 12가지 큰 서원을 세운 부처님으로서 대의왕불(大醫王佛)이라고도 한다.

약사여래를 알아볼 수 있는 방법에는 두 가지가 있는데 첫째는 주존불 석가모니불이나 비로자나불 왼쪽에 위치하며 손에 약병이나 약합을 들고 있는지 살펴보는 것이다. 둘째는 만약 부처님이 약병이나 약합을 들고 있지 않았다면 그 뒤에 있는 후불탱화에서 약병이나 약합을 들고 있는 부처님 앞에 모셔진 분이 바로 약사여래이다.

별도의 전각으로 조성된 약사전에는 약사여래를 주존불로 하고 좌우에는 해를 상징하는 일광보살과 달을 상징하는 월광보살을 협시하는 보살로 모신다. 사찰의 규모가 작아 약사전을 따로 두지 않은 사찰에서는 삼성각이나 칠성각에 가면 약사여래불을 주존불로 하고 좌우에 일광보살과 월광보살을 보처보살로 하는 탱화를 볼 수 있다.

이때에는 칠성탱화이지만 약사여래불을 주존불로 하고 있으므로 약사여래의 탱화이기도 하다. 그런데 해와 달은 시간을 상징하고 칠성은 수명을 상징하므로 약사여래는 인간의 시간과 수명을 관장하고 병든 중생을 구제하는 부처님임을 나타낸 것이다. 이 약사여래의 대표적인 불상으로는 국립경주박물관의 백율사 금동약사여래입상(국보 제28호)이 있다.

경주 분황사에는 보광전이라 하여 약사여래불을 모시고 있는데, 서 있는 모습이면서도 약합을 들고 있는 금동불이다. 분황사는 원광대사를 비롯하여 자장율사 · 원효대사가 주석했던 사찰이었음을 짐작한다면, 신라 불교의 도입 초기부터 약사여래신앙이 존재했음을 알 수 있다.

대구 팔공산에 있는 갓바위 약사여래불은 한 가지 소원을 서원하면 반드시 이루어 준다고 알려져 있어

경주박물관 약사여래상
경주박물관 마당에 있는 석조 약사여래상은 왼손에 약함을 들로 있는 점에서 확실히 구별된다. 석조로 된 광배가 아주 화려하고 원만하고 인자한 모습으로 조성되어 있는 뛰어난 불상으로 꼽힌다. 신라시대부터 약사여래를 모시는 신앙이 있었음을 다시 한 번 짐작하게 하는 불상이다.

해남 대흥사 천불전

수많은 신도들의 발길이 끊이지 않는 아주 유명한 곳이다. 그 밖에 약사전이 독립되어 있는 사찰로는 순천 송광사, 양산 통도사, 창녕 관룡사, 의성 고운사, 대구 동화사 등이 잘 알려져 있다.

천불전

천불을 모신 전각을 말한다. 여기에는 천불전 또는 삼천불전이 있다. 천불전은 천 분의 부처님을 모신 곳을 말하고, 삼천불전은 삼천 분의 부처님을 모신 곳을 말한다. 많은 부처님을 모시는 것은 불교에 시공(時空)을 초월하여 영원한 진리를 상징하는 부처님이 계시기 때문이다.

천불은 원래 과거 · 현재 · 미래의 3겁에 각기 출현하는 부처님을 말한다. 그러므로 단순히 천불이라고 말할 경우는 현겁(賢劫)의 천불을 가리킨다. 석가모니불은 현겁 천불 가운데 제4불이다.

대흥사 천불전 내부

과거 · 현재 · 미래 각각의 천불로서 삼천불이 존재하는데 천불전은 이를 모신 전각이다. 천불전일 때는 현겁의 모든 부처님을 모신 곳이고, 삼천불전일 경우에는 과거 · 현재 · 미래 삼세의 모든 부처님을 모신 곳을 말한다.

천불전은 순천 선암사, 해남 대흥사, 삼천불전은 보령 성주사 등이 유명하다. 특히 해남 대흥사에는 옥으로 만든 천 분의 부처님이 모셔져 있다. 이 천불상은 윤후 등 10명이 6년에 걸쳐 경주에서 옥으로 조성하였다고 한다. 천불이 완성된 뒤 경주에서 바닷길를 통해 이 절로 옮기려다 풍랑을 만나 표류하다가 일본에 도착하였는데 일본인의 꿈에 이 천불이 나타나서 '우리는 지금 조선국 해남 대흥사로 가는 중이다'라고 하여 다시 대흥사로 돌아오게 되었다고 전해온다.

천불전이나 삼천불전에 모셔진 부처님들은 수작업으로 조형되었으므로 각기 그 모습이 다르다. 그렇기에 사람들 사이에서는 이렇게 많은 부처님 가운데 맨 먼저 자신의 눈에 들어오는 부처님의 형상이 향후 태어날 아들의 모습이라고 구전되어 연인들이 많이 찾는 곳이기도 하다.

팔상전 · 영산전

석가모니 부처님 일대기를 여덟 장면으로 도해한 그림[팔상탱화(八相幀畵)]을 모신 전각을 말한다. 다르게는 '영산전(靈山殿)'이라고도 한다. 영산은 중인도 마가다 국 왕사성 옆에 있는 영취산(영축산 또는 기사굴산)의 줄임말로서, 그 정상에서 『법화경』을 설했던 곳을 영산회상이라 한다

영산전에는 석가모니불을 주존불로 하고 그 좌우에 제화갈라(연등)보살과 미륵보살을 협시로 모시며, 석가모니 부처님이 사바세계의 불국토인 영산회상에서 『법화경』을 설법하고 있는 영산회상도가 후불탱화로 모셔져 있다. 그리고 그 주위에는 부처님이 어떤 분인가를 가르쳐 주기 위해 부처님의 일대기를 여덟 장면으로 나누어 그린 탱화가 봉안되어 있다. 이처럼 여덟 폭의 탱화를 모시고 있으므로 팔상전이라고도 부른다.

우리나라 큰 사찰에는 거의 다 이 전각이 있지만 그 가운데서도 보은 법주사, 하동 쌍계사, 달성 운흥사, 순천 선암사, 부산 범어사, 포항 보경사 등의 팔상전이 널리 알려져 있다.

특히 법주사 팔상전은 한국의 대표적인 목탑으로서 목탑 연구에 중요한 전각으로 잘 알려져 있다. 법주사의 팔상전에는 주존불 석가모니불과 함께 가운데 기둥

보은 법주사 팔상전
현판으로 보았을 때에는 일반적인 불전 건물로 보인다. 그러나 5층이라는 구성이 일단 일반적인 불전과는 다름을 알 수 있다. 자세히 보면 상단부에 특이한 것이 보인다. 바로 석탑에서 많이 보았던 상륜부이다. 그러므로 이것은 불전이면서 또한 목탑의 형식을 갖고 있다. 법주사 팔상전을 한국의 대표적인 목탑으로 보는 이유가 여기 있는 것이다. 그러나 원래 전각을 상징적으로 조성한 것이 탑이라면 탑이 전각이고 전각이 탑인 것이다.

을 중심으로 사방에 부처님의 제자를 봉안하고, 그 가운데 기둥에 부처님의 일대기를 그린 팔상도가 탱화로 봉안되어 있어 특이하다.

대부분의 전각은 주존불이 건물의 한쪽 면에 위치해 있는데 법주사의 팔상전은 가운데 기둥을 중심으로 네 면에 신앙의 대상을 모셔 놓아 참배자는 가운데 기둥을 향해 사방에서 참배할 수 있도록 되어 있다.

미륵전 · 용화전

미래의 부처님인 미륵보살 또는 미륵불을 모신 곳이다. 미륵보살은 지금 천상의 불국정토인 도솔천에서 천신들을 위해 설법을 하고 있으나 석가모니 부처님이 입멸한 뒤 56억 7천만 년이 지나면 우리가 살고 있는 이 사바세계로 내려와 용화수 아래에서 성불하고 세 번에 걸쳐 설법함으로써 완성된 미륵의 불국토를 건설하게 된다. 이 세계를 용화세계라 하므로 상징하는 전각을 '용화전(龍華殿)'이라고도 하며, 미륵의 한문 의역

김제 금산사 미륵전
금산사는 진표율사가 창건했다고 알려진다. 진표율사는 통일신라기 사람으로 백제의 미륵하생 신앙의 영역을 확장하여 완성했다고 전해진다. 즉 백제에서는 미륵이 하생하여 이 땅을 불국토로 완성해 주기를 염원하는 미륵하생적인 신앙을 신봉해 왔다. 이러한 표현 기법으로 입석 3존불을 조성하였다. 백제 미륵하생 신앙을 진표율사가 전주의 금산사를 1처로 하고, 속리산 법주사를 2처로 하고, 금강산 발연사를 3처로 하여 호남과 영동을 잇는 그 영역을 미륵의 영토로 확장하고 있는 것이다. 금산사 미륵전과 법주사 미륵불을 연결하여 이해한 것으로 보이며, 3회 설법을 상징하는 3층 건물과 입석불 등은 대표적인 상징 기법으로 보인다.

(意譯)인 '자씨(慈氏)'를 취하여 '자씨전(慈氏殿)'이라고도 부른다.

미륵불은 전각 안에 봉안되어 있는 경우가 드물고, 주로 건물 밖에 입불로 조형되어 있다. 전각을 만들어 봉안할 경우 앉아 있는 모습이거나 보살상으로 조형된 경우가 많다.

특히 우리나라에서 미륵불은 머리에 보관을 쓰고 의자에 앉아 반가부좌의 자세로 한 손으로 턱을 받치고 깊이 사유하고 있는 모습인 미륵반가사유상이 많다. 그러나 이것은 엄밀히 말해 미륵불이라기보다 미륵보살상이라 할 수 있다. 경주 기림사에는 미륵보살로 추정되는 건칠보살상이 있다.

보살은 부처가 되기 전 단계이다. 그러므로 미륵보살이란 미륵불이 되기 전의 보살 단계이고, 현재에도 도솔천에서 중생을 구제하면서 하생할 수 있는 국토의 요건이 충족되기를 기다리고 있는 존재이다.

미륵이 하생할 국토의 요건이란 전쟁과 환란이 없고

1. 마을 미륵을 모신 용화전
2. 서울 강남 봉은사 미륵입상

물질이 충족되어 있는 세상으로, 전륜성왕을 중심으로 중생이 만드는 세계이다. 미륵불은 이 사바세계에 하생하여 세 번의 설법으로 중생을 구제한다고 한다. 이를 용화삼회설법(龍華三會說法)이라 한다.

미륵보살상을 모신 경우에는 도솔천에 왕생하고자 하는 열망을 표현한 미륵상생신앙이 나타난다. 이처럼 미륵신앙에는 도솔천에서 중생을 교화하며 부처가 되기를 기다리고 있는 미륵보살에게 귀의하는 미륵 상생신앙과 미륵불이 이 땅에 내려와 많은 중생과 국토를 완성해 주길 바라는 미륵하생신앙으로 나누어진다.

삼국시대 때 신라는 미륵보살이 계신 도솔천에 태어나길 바라는 개인적 신앙을 지향하는 미륵상생신앙을 신봉하였다면, 백제는 미륵보살이 어서 빨리 이 사바세계에 미륵불로 하생하여 전 국토를 전쟁과 환란이 없는 불국토로 완성해 주길 바라는 미륵하생신앙을 신봉하였다.

그렇기에 미륵이 하생하기를 바라는 염원으로 미륵

을 입석상으로 된 모습으로 모시는 것이 특징이다. 그 좋은 예로서 충북 보은 법주사에 입석미륵불을 모셨고, 김제 금산사에는 전각을 만들어 미륵전이라고 하였다.

고려시대에 들어와서 백제 계통의 미륵하생신앙이 계승되어 건물 밖에 입석상을 세웠다. 고려 태조 왕건이 창건한 논산 개태사는 건물 밖에 입석불로 있던 곳에 전각을 새로 지어 모시고 용화전이라 하였다.

조선시대에 들어와서는 한반도 전역에서 미륵신앙이 민간 깊숙이 뿌리내려 민간신앙으로 자리 잡게 되었다.

미륵불을 모시는 사찰로는 보은 법주사, 김제 금산사, 논산 관촉사 등이 있다. 미륵사지로는 경주 흥륜사, 충주 미륵사지, 익산 미륵사지 등이 유명하다. 이 가운데 김제 금산사는 거대한 미륵존상이 봉안되어 있다. 이것은 일명 장육전(丈六殿)이라 하고, 우리나라에서 유일하게 외관 3층으로 된 팔작지붕의 다포집으로 조형된 건축물이다.

미륵보살

미륵보살은 사바세계를 불국토로 완성하기 위해 미륵불로 올 때를 기다리며 도솔천에서 그곳의 중생을 교화하며 머물고 있는 보살이다. 미륵보살상은 주로 반가부좌의 자세로 의자에 앉아 한 손으로 턱을 괴고 삼매에 들어 있는 모습으로 표현된다. 아직까지 성불하지 않은 보살의 신분이므로 머리에는 화관이 올려져 있다.

신라 향가 「제망매가」 등에 미륵보살이 계신 도솔천에 태어나고자 하는 내용이 있는 것을 볼 때 신라에 불교가 도입될 초기부터 미륵보살신앙이 있었던 것으로 추측된다.

또 도솔천에 계시는 미륵보살에게 귀의하는 미륵상생신앙은 신라불교 초기부터 전해져 왔던 것 같다. 이 신앙은 신라 화랑도의 내세관이었고, 신라 화랑의 정신적인 지주로 신봉되어 화랑도를 용화도라고 하였으니 화랑은 용화낭도의 줄임말이다.

또 원효대사가 미타신앙을 도입할 때 "미륵을 믿는 자들은 도솔천에 갔다가 다시 하생해야 하므로 현생에서 즉시 성불하는 아미타불신앙보다 못하다."고 평가한 대목을 살펴보면, 신라불교 초기부터 이미 미륵보살신앙이 있었으나 점차로 아미타불 염불신앙으로 바뀌어 간 것을 알 수 있다.

통도사 미륵전 앞에는 미륵불이 사바세계에 내려왔을 때 가섭존자가 미륵불에게 공양하기 위한 봉발탑을 조성해 놓았다. 또 통도사에는 부처님의 금란가사가 전해 오는데 가섭존자가 미륵불이 하생하면 드리기 위해 보관하고 있다고 전해진다.

나한전 · 영산전

부처님의 제자인 나한들을 모신 전각을 말한다. 나한에는 보통 16나한 · 500나한 · 1,200나한 등이 있다. 나한은 석가모니 부처님의 설법을 듣고 깨달았다고 하여 성문(聲聞)이라고도 하며 아라한의 경지에 이른 제자들이다. 나한은 아라한의 약칭으로, 성자를 의미한다. 큰 제자들을 모신 곳을 '응진전(應眞殿)'이라고 하기도 한다 .

나한전은 일반적으로 참배객이 잘 들르지 않는 곳이지만, 신통력이 있어 예의를 갖추고 간절히 기원하면 기도에 대한 응답을 받은 예가 많은 곳이다. 나한의 모습은 전통적으로 웃고, 졸고, 등을 긁기도 하는 등 자유롭고 천진한 모습으로 표현하고 있다.

대부분의 절마다 나한전이 조성되어 있지만, 우리나라에서는 영천 은해사 거조암의 나한전, 양산 통도사, 순천 송광사와 선암사, 합천 해인사, 공주 마곡사, 구례 천은사, 경주 불국사 등의 나한전이 유명하다.

대장전 · 장경각

대장전은 부처님의 가르침을 상징하는 대장경이 있는 곳이다. 일명 장경각(藏經閣) 또는 판전(版殿)이라고도 한다. 대장전은 불 · 법 · 승 삼보 가운데 법보인 대장경을 모신 곳으로, 사찰을 구성하는 중요한 요소인 불교경전을 찍는 경판이 보관되어 있다.

경판은 주로 목재로 되어 있으므로 잘 보관하지 않으면 썩거나 뒤틀리는 경향이 있다. 그러므로 사찰마다 이 경판을 오래도록 보관하기 위해 대장전의 위치

합천 해인사 법보전

나 건축구조에 많은 노력을 기울인다. 경판을 보관하는 건축물 가운데서도 그 백미는 바로 해인사의 장경각이다.

장경각이 유네스코 세계문화재로 등록될 때 그 내용물인 대장경보다 장경각이라는 건축물이 먼저 등록된 데서도 이 건축물의 가치를 알 수 있다. 그것은 해인사 장경각의 건축구조가 세계 목재건축 문화재 중 가장 뛰어난 작품이라는 것을 의미한다.

외관이 이렇게 훌륭한데 그 내용물은 또한 얼마나 중요하겠는가. 결국 팔만대장경은 장경각에 뒤이어 유네스코에 세계문화재로 지정되었다. 해인사 대장전이 왜 문화재적으로 그렇게 중요한지에 대해서는 많은 설명이 있지만 정작 그 대장전에 봉안되어 있는 팔만대장경에 대해서는 자세히 설명하는 글이 별로 없으므로 해인사의 팔만대장경에 대해서만 설명하고자 한다.

해인사 팔만대장경이 소중한 것은 부처님의 가르침을 모두 집대성해 놓은 점에 있다. 다른 사찰에서는 필요한 수의 경전만을 대장경으로 가지고 있는데, 이에 비해 해인사 대장경은 불교의 모든 경전을 모아 놓은 불교교리의 집약체이다.

대장경은 은사스님으로부터 구전으로 전해 오는 부처님의 교리를 문자화한 것이므로 글을 아는 사람은 누구든지 부처님의 뜻을 전해 들을 수 있다. 또한 해인사 대장경의 조성은 한 단위의 사찰이나 불교대중에 의해서 조성된 것이 아니고, 몽고의 침입을 받아 고난을 겪던 고려 때 국력을 모아 국가적으로 조성한 것으로 부처님의 가피를 받아 국토를 보존하고자 하는 당시 모든 민중들의 열망이 담겨 있는 소산물이다.

『열반경』에 보면 석가모니 부처님은 허상에 의존하지 말고 법에 의지하고, 법이 곧 부처라고 하셨다. 다른 경전에서는 경전을 조성하거나 법을 전하는 것이 중생들이 짓는 공덕 가운데서 최고의 공덕이라고 여러 차례에 걸쳐 설하고 있다.

이러한 배경에서 국난을 당해 기아와 질병으로 고통을 겪고 있던 고려 때의 선조들은 부처님에게 공양물을 올리고 지성으로 기도하는 것보다 부처님의 법을 판각하는 것이 최고의 공양이라 인식하였고, 판각조성이라는 지극한 공양을 올림으로써 부처님의 가피력으로 외침과 환란으로부터 벗어나서 불국토를 건설하고자 간절하게 기원하였던 것이다.

우리나라에서는 대장경이 있는 사찰 가운데 고려대

장경을 봉안하고 있는 해인사 장경각이 가장 유명하지만, 대장경을 넣고 손잡이를 돌리면서 열람하거나 예배하는 윤장대가 있는 예천 용문사 대장전, 김제 금산사 대장전, 순천 선암사 장경각, 수원 용주사 등도 유명하다. 특히 용주사는 『부모은중경』이 판각으로 조성되어 있어 효의 근본 도량으로 알려져 있다.

상구보리 하화중생의 대원력자-보살

1. 관음보살
2. 양양 낙산사 관음상

보살이란 보리살타(Bodhisattva)를 줄인 음사어로 '커다란 깨달음을 구하는 마음을 가진 자[大道心衆生]'라는 뜻이다. 스스로는 궁극적 목표인 깨달음을 구하고 그 깨달음의 길에 아직 들어서지 못한 중생에게 아낌없이 자비심을 베풀어 그 길로 들어서도록 인도해 주는 자[上求菩提 下化衆生]로서 대승불교의 가장 이상적인 인격이기도 하다.

또 성불하기 위해 수행에 힘쓰는 이를 총칭하며, 사홍서원을 세우고, 6바라밀을 실천하며, 위로는 깨달음을 구하고, 아래로는 중생을 교화하는 존재로 재가출가를 막론하고 수행하는 이를 모두 보살이라 칭한다.

보살에는 여러 계위가 있다. 여기 보살전에 모시는 보살은 보살행을 실천하여 궁극의 경지에 도달해 다음 생애에 태어나면 부처가 된다는 수기를 받은 대보살[一生補處菩薩]이다.

대보살은 보현 · 문수 · 지장 · 관음 · 대세지 · 미륵 · 일광 · 월광 등의 보살을 가리킨다. 이 가운데 관음 · 대세

남해 보리암 전경

지보살은 아미타불, 미륵보살은 석가모니불, 그리고 일광 · 월광보살은 약사여래의 보처보살들이다.

원통전 · 관음전

관세음보살은 말 그대로 시방세계의 모든 소리를 들을 수 있는 신통력을 갖추고 자신의 명호를 부르는 중생의 환란을 없애 주고자 하는 원력을 세운 보살이다. 그러므로 어느 곳에서든 자신을 일념으로 부르는 중생들의 고통스러운 음성을 듣고 그것을 없애 주는 자비의 화신[大悲聖者]으로 알려져 있다.

관세음보살은 모든 중생에게 일체의 두려움까지 사라지게 하고 편안한 마음을 지니게 해 주는 분이란 의미에서 '시무외자(施無畏者)'라 한다. 세상을 구제하는 분이라는 의미에서 '구세대왕(救世大王)' 등으로 부른다. 또 관세음보살은 시방세계에서 통하지 않는 데가 없으므로 '원통교주'라 하고, 이 원통교주를 모시는 전각이 중심 법당이 될 때 '원통전', 그렇지 않은 경우는

여수 향일암 관음상

'관음전(觀音殿)'이나 '대비전(大悲殿)'이라 한다.

절마다 따로 전각을 만들어 관음보살을 모셔 놓는 경우가 많은데 관세음보살의 자비를 원하는 중생이 많기 때문이다. 관음전이 따로 없는 경우 부처님 계신 곳, 곧 수미단 밖의 아래쪽 좌우에 보살상이나 관세음보살을 그린 탱화나 사진 등을 많이 모시고 있다.

이 보살은 중생을 교화하기 위해 중생의 근기에 따라 갖가지 모습으로 나타나는데 크게 33응신으로 응화하여, 제도할 내용에 따라 그에 알맞은 가지가지의 형상으로 나타난다. 그리고 관세음보살의 머리에 쓴 보관(寶冠)에는 부처님의 모습이 새겨져 있는 경우가 많은데, 이 부처님은 아미타불이다. 관세음보살이 아미타불을 근본 스승으로 삼고 항상 모신다고 하였으므로 이를 조형화하여 나타낸 것이다.

우리나라에서는 오늘날에도 현세에 즉시 응답하는 자비의 화신으로 알려져 관음신앙이 널리 유행하고 있다. 강화 보문사, 양양 낙산사, 남해 금산 보리암이 3대

관음성지로 알려져 있고 이곳들은 관세음보살이 현신했던 곳으로 유명하다. 현재에도 관세음보살의 자비를 입기 위해 많은 사람들이 참배하고 있는 곳들이다.

강화도 보문사의 관세음보살상은 암벽을 깎아 조성된 보살상이고, 양양 낙산사 관음전에는 의상대사가 관세음보살을 친견하고 그 모습을 그대로 조성한 금동관세음보살상이 있으며, 남해 보리암의 관세음보살상은 원효대사가 관세음보살을 친견한 모습이라고 전한다.

이들 3대 관세음보살의 성지가 주로 해안에 위치한 공통점을 지니고 있는 것과는 달리 백제 지역에는 내륙지방에 모셔진 관음성지가 있다. 전남 곡성군 옥과에 있는 관음사가 그곳이다. 옥과 관음사에는 관세음보살상을 모신 창건 설화가 전해 오는데 그 창건에 얽힌 설화 내용이 심청전의 내용과 유사하다. 옥과 관음성지의 특징은 다음과 같다.

첫째, 내륙지방에 있는 관음신앙이라는 점.

둘째, 그 창건주가 스님이 아니고 젊은 처녀라는 점.

셋째, 6·25 때 절이 모두 불에 타 소실되었으나 진흙으로 된 보살 머리 부분이 발굴되어 일제 때 찍어 놓은 사진을 보고서 그대로 복원했던 점.

넷째, 그동안 잘 알려져 있지 않아 관세음보살의 성지임에도 참배객이 적어 진정으로 관세음보살의 자비를 입을 수 있는 관음성지라는 점.

다섯째, 서기 100여 년 무렵에 창건된 우리나라 최초의 관음성지라는 점.

여섯째, 현재까지도 꽃피는 관음사 앞의 불두화는

병자의 약으로 사용되며 현실적으로 그 효험을 보고 있다는 점.

옥과의 관음사에 얽힌 자세한 내용은 여기서는 생략하지만 한국의 유명한 관음성지에 옥과 관음사를 포함시켜야 할 것이다.

백제의 관음성지인 옥과 관음사와 대조적으로 신라의 대표적인 관음성지인 양양 낙산사는 너무나 잘 알려져 있으며 많은 중생들이 관세음보살의 가피력을 느낄 수 있는 유명한 곳이다.

여수엑스포 개최와 더불어 교통이 발달하고 많은 사람들이 찾고 있는 여수 향일암은 주위 풍광도 빼어나고 해돋이 명소로 유명한 곳인데 남해 보리암과 더불어 국토 남쪽 바다의 관음성지로 추천할 만하다.

관세음보살

관자재(觀自在) · 광세음(光世音) · 관세자재(觀世自在) · 관세음자재(觀世音自在) · 관음(觀音) 등으로 부르기도 한다. 대자대비를 근본 서원으로 하는 보살의 명호이다. 『무량수경』에 따르면 이 보살은 미타삼존(彌陀三尊)의 하나이며 아미타불 왼쪽 보처보살로 부처님의 교화를 돕고 있다.

'관세음'이라 할 때는 '세간의 음성을 관하는 자'란 뜻이다. 사바세계의 중생이 괴로울 때 한마음으로 부르면 그 음성을 듣고 곧 구제한다고 한다. '관자재'라 할 때는 '지혜로 관조하므로 자재한 묘과를 증득한 이'란 뜻이다. 중생에게 일체의 두려움이 없는 무외심을 베푼다는 뜻으로 시무외자(施無畏者)라 하고, 주로 자

관음보살상

비를 베푼다는 뜻에서 대비성자(大悲聖者)라 하며, 세상을 구제하므로 구세대사(救世大士)라고도 한다.

이 보살이 세상을 교화할 때에는 중생의 근기에 따라 여러 모습으로 나타나므로 이를 보문시현(普門示現)이라 한다. 이에는 33신(三十三身)이 있다고 한다. 왼손에 든 연꽃은 중생이 본래 갖춘 불성을 표현한다. 연꽃이 핀 것은 불성이 드러나서 성불했음을 나타내고, 아직 피지 않은 봉오리일 때에는 불성이 번뇌에 물들지 않고 장차 필 것을 나타낸다.

『화엄경』「관세음보살보문품」에 따르면 "수많은 중생이 온갖 괴로움에서 벗어날 수 없을 때 관세음보살의 이름을 듣고서 한마음으로 관세음보살을 부른다면 관세음보살은 그 소리를 듣고 괴로움에 빠진 중생을 모든 괴로움으로부터 벗어나게 한다."라고 하였다.

불전에서는 주존불이 아미타불일 때 관세음보살은 그 왼쪽에 위치하고, 오른쪽에는 대세지보살 또는 지장보살이 위치한다. 관세음보살은 화관에 아미타불이 새겨져 쉽게 알아볼 수 있다. 만약 부처님의 존상이 따로 없어도 화관에 아미타불의 모습을 지닌 보살이라면 그것은 관세음보살상이다.

관세음보살은 세상의 모든 중생의 소리를 듣고서 자비를 베푸는 보살로 알려져 있다. 거리가 멀고 가까움은 문제가 되지 않으며, 소리를 내는 중생이나 소리를 내지 못한 중생(지렁이, 또는 아주 작은 동물 등)들의 소리까지 모두 다 들을 수 있다고 한다.

관세음보살은 원래 해변가인 보타락가산에 계신 것으로 알려져 있다. 그래서 우리나라에서는 관세음보살상이 내륙보다는 해안에 많이 조성되어 있고 해상의 고난을 구제해 주는 분으로 알려져 있다

특히 한국의 3대 관음성지인 남해 보리암 · 동해 낙산사 · 서해 강화도 보문사가 유명하다. 그러나 관세음보살은 지역을 막론하고 누구든 고난을 당해 관세음보살을 일심으로 부르면 구제해 준다고 알려진 자비의 화신으로 널리 신앙의 대상이 되는 대표적인 보살이다.

명부전 · 지장전

명부전은 지장보살과 함께 지옥 시왕(十王) 등 명부(冥府)의 권속들의 조각이나 그림을 모신 곳이다. 이와 달리 지장보살만 모신 전각일 경우 지장전(地藏殿)이라 한다.

지장보살이 주존불인 것은 지장보살이 지옥의 중생을 모두 구제한 뒤 성불하겠다는 원력을 세우고 현재에도 지옥의 중생을 구제하고 있다고 알려져 있기 때

문이다. 지장보살은 석가모니 부처님이 입멸한 뒤부터 미륵불이 출현할 때까지 천상에서 지옥까지의 모든 중생을 교화하도록 석가모니 부처님으로부터 부촉을 받은 보살이다.

지장보살은 다른 보살들처럼 머리에 보관이 없는 대신 스님처럼 깎은 머리에 이마가 둥글며 육환장과 여의주를 상징하는 보륜을 들고 있는 모습이다. 지장보살의 좌우에는 도명존자와 무독귀왕이 협시로 모셔진다.

지장보살 왼쪽에는 홀수(1, 3, 5, 7, 9)로 다섯 대왕이 있고, 오른쪽에는 짝수(2, 4, 6, 8, 10)로 다섯 대왕이 자리 잡고 있다. 그 양 끝에 영계로 인솔하는 일직사자와 월직사자가 조성되어 있다. 각 대왕의 뒤편에는 각 대왕이 다스리는 지옥의 내용이 탱화로 설명되어 있다.

명부전은 주로 영가를 위한 천도재를 지낼 때 많이 사용되는 전각이어서 일반 참배객들이 잘 찾지 않는 곳이기도 하다. 그러나 명부전은 현세에 죄업을 짓고

왼쪽으로부터 도명존자, 지장보살, 무독귀왕

명부전

있는 우리가 사후에 가야 할 곳임을 미리 알고 현재를 추스르도록 하는 곳이라는 점에서, 들러서 참배하고 자신의 현재 모습을 독려할 필요가 있다.

불교에서는 지옥은 스스로 만든다고 보기 때문에 따로 지옥이 있는 것이 아니다. 한순간의 깨달음으로 지옥이 극락으로 바뀐다고 하였으니, 지옥의 진정한 의미를 생각하는 곳이 되어야 한다. 더불어 모두 가기 싫어하는 지옥에 스스로 몸을 던져 중생을 구제하고자 하는 지장보살의 큰 원력을 본받아 중생구제의 올바른 실천의 장으로 반드시 참배 드려야 할 곳이다. 부처님이나 보살의 모습, 또는 훌륭한 스승의 모습을 기리는 것은 그 모습을 본받아 우리 스스로 그렇게 살고자 하기 때문이다.

명부전은 언뜻 보면 무섭고 두려운 곳일지 몰라도 자신을 독려하는 수행의 매개체로 삼아 명부전을 조성한 뜻을 제대로 알고 이해하여야 할 것이다. 명부전은 제법 규모를 갖춘 사찰이 아니면 찾아보기 어렵다.

우리나라에서 독립된 전각으로 조성되어 있는 곳으로는 대부분 큰 규모의 전통사찰, 그 가운데서도 여주 신륵사, 김제 금산사, 대구 동화사, 부산 범어사 등의 명부전이 유명하다.

지장보살

지장보살

도리천에서 석가모니불의 부촉을 받고 매일 새벽 선정에 들어 중생의 근기를 관찰하고 석가모니불과 미륵불의 중간인 무불(無佛) 세계일 때 육도 중생을 교화하는 대비보살이다.

참고 인내함이 대지와 같고 맑은 심성의 깊이가 비장(秘藏)과 같으므로 지장이라 이름했다고도 한다.

지장보살은 아미타불의 보처보살로 스님과 같은 머리 모양을 하고 있어 쉽게 구별할 수 있다. 지장보살은 지옥 중생을 모두 구제한 뒤 성불하겠다는 큰 원력을 세웠으므로 대원본존지장보살이라고도 부른다. 손에 스님의 육환장을 들고 있거나 여의주 또는 법을 상징하는 바퀴(법륜)를 들고 있는 경우도 있다.

지장이란 이름은 몸을 땅 속으로 숨겼다고 한 데서 붙여진 이름이기도 하다. 그 이름과 관련된 불교설화 하나를 소개하면 다음과 같다.

"석가모니 부처님 이전 시대에 각화정자재왕불이 있었다. 그는 어머니를 천도하기 위해 부처님께 드릴 공양물을 머리에 이고 절로 가던 처녀가 도중에 수많은 굶주린 사람들을 보고 가지고 가던 공양물을 다 나누어 주고도 모자라 급기야는 입고 있던 옷마저 벗어주고 진흙 속에 몸을 감추고 부처님을 염원하였다. 그러자 각화정자재왕불이 나타나서 '장하다'고 격려하고 지장이라는 법명을 주며 큰 부처가 될 것이라는 수기를 주었다."고 전한다.

그 뒤 지장은 부처님의 도움으로 무독귀왕의 안내를 받아 어머니를 찾기 위해 지옥을 다 돌아보고서 어머니가 이미 천도되었다는 말을 듣는다. 하지만 지옥의 수많은 중생들이 고통에 신음하는 것을 보고 충격을 받아 지옥의 모든 중생을 구제할 때까지 성불을 미루겠다는 서원을 세운 이가 지장보살이다.

누구나 지옥은 가고 싶지 않은 곳인데도 지장보살은 스스로 지옥 중생 속으로 들어가 지옥 중생을 구제하겠다는 서원을 세웠기에 대원력보살로 불리고 있다. 지장보살의 좌우에는 도명존자와 무독귀왕이 보처하고 있다.

무독귀왕은 지장보살을 지옥에서 안내했던 지옥의 왕이었기에 협시하는 것에 별 문제가 없어 보인다. 하지만 도명존자가 왜 지장보살의 왼쪽에서 협시하는지에 대해서는 분명하지 않다. 다만 중국에는 그럴듯한 전설이 하나 전해 온다.

중국에 도명이라는 스님이 있었다. 그런데 그만 동명이인이 있어 착오로 수명이 다하기 전에 지옥에 가게 되었다. 지옥에 가니 도명이 다른 사람임을 확인하고 다시 세상으로 돌려보내 주었다. 그 때문에 도명스님은 잠시 죽어 지옥을 구경하고 다시 세상에 돌아온 스님이 되었다. 이에 도명존자는 지장보살의 왼쪽 보처존자로 발탁되어 지옥 중생의 구제활동을 도와주는 보처로 모셔지게 되었다고 한다.

문수전

문수보살을 모신 곳이다. 문수보살은 지혜를 상징하는 보살이다. 석가모니불이 주존불일 때 항상 왼쪽(정면에서 보았을 때 오른쪽)의 협시보살로 모셔진다. 모습은 지혜의 상징동물인 사자를 타고 있다. 손에 들고 있는 지물로는 석가모니불의 오른쪽 협시보살인 보현보살과 잘 구별되지 않지만, 간혹 법당 바깥 오른쪽 벽에 사자를 타고 있는 문수보살의 벽화를 볼 수도 있다.

우리나라에는 따로 문수보살만 모신 문수전은 잘 보이지 않는다. 다만 오대산 상원사에 가면 조선조 제7대왕 세조가 등창이 나서 상원사를 찾았을 때 현신해서 등창을 씻어주고 치료해 준 것으로 전해오는 문수동자상이 봉안되어 있다.

평창 상원사
문수보살상

그러나 스님들의 수행과 관련한 설화에서는 문수보살이 가끔 등장한다. 문수보살은 지혜를 상징하는 보살이므로 깨달음에 이르고자 하는 수행자들과 밀접한 관계가 있는 보살로 직접 몸을 나타내 보인 것에 얽힌 설화가 많다.

보현전

보현보살을 모신 곳이다. 보현보살은 실천을 상징하는 보살이다. 석가모니불이 주존불일 때 석가모니불의 오른쪽(정면에서 보았을 때 왼쪽)에 협시보살로 모셔진다. 모습은 코끼리를 타고 있다. 보현보살은 연꽃을 들고 있는 경우도 있다.

하지만 연꽃만으로는 문수보살과 구별되지 않는다. 법당 바깥쪽 왼쪽 벽에 코끼리를 타고 있는 벽화를 볼 수도 있다. 우리나라에서는 따로 독립된 전각에 모셔진 경우는 드물다.

보현보살

칠성각에서 용왕각까지

지금까지 살펴보았던 불 · 보살을 모신 건축물을 전이라는 용어로 쓰고 있다면 민간신앙에서 중요시되어 오던 것을 불교가 수용한 산신 · 칠성 · 용왕 등이 모셔져 있는 건축물을 각이라 한다. 불 · 보살의 등급은 전과 각으로 분류하기도 하지만 전각이 없는 경우, 곧 석불 · 마애불 · 암각화 등과 같은 경우에는 연꽃으로 구별한다.

석굴암 안의 조형양식을 보면 불 · 보살은 연꽃 위에 앉아 있거나 올라 서 있다. 하지만 부처님의 제자들은 연꽃잎 하나 위에 올라 서 있고, 금강역사는 돌 위에 올라 서 있다.

이것은 연꽃 위에는 불 · 보살의 수준이 아니면 올라갈 수 없는 곳임을 말해 주고 있다. 이와 유사한 사례로 부처님의 말씀을 담은 것이 아닌 스님들의 말씀을 기록한 책은 경이라는 용어를 쓰지 않고 론 · 소 · 문 등의 용어를 사용한다. 엄밀히 말하면 전이라 할 경우에는 불 · 보살이 모셔진 곳이고, 각이라 할 때에는 불 · 보살보다 낮은 단계의 성인을 모신 곳임을 알 수 있다.

칠성각

민간에 유행하고 있는 인간수명을 관장하는 칠성을 일곱 여래의 존상으로 모신 곳이다. 칠성은 약사여래를 주존불로 한다. 우리나라에서 민간에서 유행하던 칠성신앙이 언제부터 불교에 수용되어 칠성각에 모셔졌는지는 정확하게 알려져 있지 않다.

장성 백양사 칠성

사찰에서 칠성각을 별도로 두지 않을 경우 삼성각에 칠성을 탱화로 그려 모시고 있는 경우가 많다. 우리나라에는 청도 운문사, 경남 고성 옥천사, 순천 선암사의 칠성각이 유명하다.

특히 전남 장성 백양사에는 칠성의 7위가 탱화가 아닌 조각상으로 조성되어 있는 칠성각이 있고, 화순 운주사에는 칠성석으로 알려진 돌 일곱 개가 있다. 운주사의 칠성석은 사찰 입구 왼쪽에 있는 산 중턱에 위치해 있다.

칠성이 인간수명을 좌우하는 역할을 했다는 점에서 보면 사찰이 영구적으로 지속되도록 하고자 칠성석을 조성한 것으로 추측된다. 어쨌든 칠성은 불교 본래의 신앙은 아니었지만 불교로 수용하여 일곱 여래상으로 모시고 있다.

1. 나반존자
2. 합천 해인사 독성각

독성각

독성각은 독각 또는 연각을 모신 곳이다. 독각 또는 연각이란 스스로 부처님의 12연기법을 깨친 성인을 말한다. 그러나 우리나라 대부분 사찰의 독성각은 말세 중생에게 큰복을 내린다는 나반존자를 모신 곳으로 이해하고 있다.

나반존자는 신통력이 뛰어난 제자였다. 하지만 나반존자는 그 신통력을 함부로 사용하다 부처님에게 야단맞고 미륵불이 사바세계로 하생할 때까지 천태산에서 중생을 구제하고 있는 자이다. 나반존자의 뛰어난 신통력에 기대어 복을 비는 별도의 기도처로서 많은 사람들이 찾는다.

나반존자는 독성각에 따로 모시지 않고 주로 산신각이나 삼성각에 탱화로 많이 모셔진다. 탱화에서는 산신과 비슷한 모습을 하고 있으나 옆에 동자가 있고 호랑이가 보이지 않으면 나반존자이고, 그와 반대로 동자가 없고 호랑이가 있는 탱화이면 산신이다. 청도 운문사 사리암과 해인사 희랑대는 나반존자의 기도처로

공주 신원사 중악단
조선시대 국가에서 산신제를 지냈던 곳이 세 곳 있었다고 전하는데 지리산 하악단, 계룡산 중악산, 태백산 상악단으로 알려져 있다. 그중 그나마 계룡산 중악단만 남아서 그 사적을 전하는데 계룡산의 산세를 중요하게 보았던 옛 선조들의 지혜를 엿볼 수 있는 곳이다. 다른 사찰에서 조성된 산신각과 달리 그 외형적 규모가 일단 큰 불전만큼 크다. 산신각 내부에는 산신의 탱화만 있다.

유명하다.

삼성각

세 명의 성인, 곧 산신 · 칠성 · 나반존자를 함께 모신 각을 말한다. 산신을 모신 이유는 민간에서 각 산마다 산신이 있다는 신앙을 갖고 있는 데다 각 사찰마다 산에 위치하고 있으므로 산을 주재하는 산신을 자연스럽게 불교로 수용함으로써 도입되었다.

불교에서 말하는 산신은 따로 정해져 있는 것이 아니고, 사찰이 있는 바로 그 산의 산신을 모신다. 산신은 호랑이로 화신하기도 하는데, 수행자가 일정한 수행 단계에 오르면 산신이 호랑이로 변신해 수행자를 수호한다고 알려져 있다. 산에서 수행하는 스님들의 경우, 때에 따라 산세가 다르게 느껴질 때가 있다. 이런 현상이 산신의 조화로 말미암은 것이라고도 한다.

산신각의 위치는 법당의 구조와 별개로 위치하되 가장 높은 곳에 자리하고 있는 것이 특징이다. 대부분의 사찰에서 산신각을 두고 그 각 안에 흰 수염을 길게 늘

어뜨린 산신과 호랑이의 탱화를 봉안하고 있다.

우리나라 대부분의 사찰에서는 산신각을 볼 수 있지만 산신각이 작은 절의 대웅전만큼 크게 조성되어 있는 곳도 있다. 그 대표적인 곳으로는 계룡산 중악단이 있는 신원사가 유명하다. 산신은 산세에 따라 할머니 산신 또는 할아버지 산신으로 성이 구별되기도 한다.

조사당

그 사찰에서 수행했던 역대 조사 또는 그 종파의 조사스님을 모시는 건물이다. 불 · 법 · 승 삼보를 봉안한 사찰에서 빠뜨릴 수 없는 승보를 봉안한 곳이고, 큰스님의 영정을 모시고 그 사찰의 수행력을 드러내 보이는 곳이기도 하다. 양산 통도사의 개산 조사당에는 그 절을 창건한 자장율사의 영정을 모신 건축물을 따로 조성해 놓았다.

일반적으로 조사스님의 영정은 조사당에 모시지만, 해남 대흥사처럼 큰스님들의 수행 흔적을 본받아 수행을 독려하기 위해 선방에 역대 조사의 영정을 모신 곳도 있다. 송광사에는 부처님 제자를 비롯한 역대 조사들의 부조상을 만들어 봉안한 승보전이 있으면서 따로 조사당이 마련되어 있다. 조사당이 없는 사찰에서는 영각(影閣)이라는 이름으로 편액을 걸기도 한다. 우리나라에서 조사당이 있는 대표적인 사찰은 영주 부석사, 양산 통도사, 순천 송광사, 합천 해인사, 여주 신륵사 등이다.

용왕각

용왕을 모신 곳이다. 민간신앙에서 물이 있는 곳은 어디든 수중의 왕인 용왕이 산다고 믿어 왔다. 용왕은 글자 그대로 용의 왕으로서 물에서 사는 축생이다.

용왕의 모습

불교에서 용은 수많은 물속에 사는 중생들 가운데서 수행력이 높아지면 이르게 되는 존재이다. 잉어 · 거북 기타 모든 물속에 사는 중생은 수행력이 점차로 높아짐에 따라 용의 모습을 띠게 되고 그 용이 여의주를 얻으면 승천하게 된다. 이것이 물속에 사는 중생의 마지막 단계이다.

우리나라 무속에서는 동서남북 네 바다에 각기 용왕이 있어 동 · 서 · 남 · 북의 바다를 다스리고 있다고 알려져 있다. 이러한 수중의 용왕은 관세음보살의 출현과 밀접한 관련을 가지고 있는 것으로 표현된다.

『삼국유사』에 따르면, 동해 낙산사 홍련암에서 의상대사가 관세음보살을 친견할 때 동해의 용왕이 전해 준 여의주가 있었고, 용왕이 출현한 뒤 관세음보살

부산 기장 해동용궁사 전경
부산 기장 동해 바닷가에 위치한 해동용궁사는 해변에 위치한 대표적인 사찰이며 큰 법당 옆에 용왕각이 세워져 있다.

을 친견했던 것으로 알려졌다. 관세음보살상이 그려진 벽화에는 관세음보살이 용을 타고 바다에서 현신하는 모습을 보여준다.

우리나라 관음신앙은 주로 해수관음이다. 해수관음은 바다의 풍랑과 사고를 막아주는 역할을 하는데 그래서인지 유명한 3대 관음성지(동해 낙산사 홍련암, 남해 보리암, 서해 강화도 보문사)가 모두 바다를 향하고 있다. 사찰의 벽화에도 서방의 극락국토를 가기 위해서는 내해인 향수해와 외해를 상징하는 바다를 건너야 한다. 이때 타고 가는 배가 반야용선으로 용의 형상을 하고 있고 그들을 이끄는 이가 바로 관세음보살로 표현되어 있다.

또 용에 관한 것으로는 석가모니불이 탄생할 때 아홉 마리의 용이 부처님을 씻어 주었다는 이야기가 전해 온다. 목재 건축물이 화재를 입지 않기 위해 지붕에 용을 올린 경우가 많다. 절이나 산 속의 약수터 가운데 약수가 흘러나오는 주둥이를 용의 형상으로 만들어 놓은 것을 종종 볼 수 있다. 이것은 모두 용이 물과 관련되어 있음을 보여주는 것이다.

이처럼 불교와 관련된 사례들 이외에도 한국의 많은 전래설화 등에 용이 물과 관련되어 자주 등장한다. 용왕은 흰 수염이 있는 특이한 형상을 하고 있는 모습으로 묘사된다. 산지 가람형이 아닌 해안에 위치한 해변 가람은 모두 다 산신각이 없는 대신 용왕을 모신 용왕각이 있다. 부산 기장 해동용궁사에는 용왕각이 따로 조성되어 있다

불상이란 무엇인가

불상이 만들어진 원류는 부처님 당시로 거슬러 올라간다. 불상이 만들어진 전설에 따르면 "석가모니 부처님께서 도리천에 환생하신 어머니 마야부인을 위해 설법하러 가고 안 계셔서 지상에서는 한동안 석가모니 부처님의 모습을 볼 수 없었다. 이 때문에 밤바사 국의 우전왕은 석가모니 부처님을 보고 싶은 마음이 너무나 간절하여 병이 나고 말았다. 이에 신하들이 왕을 위하여 전단향 나무로 석가모니 부처님의 모습을 조각하여 왕을 위로하였다"고 전한다.

이에 부처님이 우전왕을 찬탄하며 수행을 독려하는 방편으로 활용하라고 말씀하시면서 "모양과 형상이 부처가 아니라 진리 자체가 부처임을 알라"고 설법하셨다. 이것이 불상이 만들어진 시초이다.

부처님께서는 부처님의 법과 계율을 스승으로 삼아 수행하도록 하는 유훈을 남기셨다. 따라서 부처님이

동남아 불상 형식
우리나라의 불상에서는 석가모니 부처님이 취하는 수인이 다양한 것을 볼 수 있다. 남산 감실 부처님의 경우는 선정인을 하고 있는 것 같은데 옷으로 덮어 놓은 모습으로 조성해 놓았고, 남산 절골 배리 삼존불의 경우는 통인을 취하고 있다. 그러나 동남아시아의 경우는 석가모니 부처님상으로 촉지를 한 수인을 결하고 있는 것을 볼 수 있다.

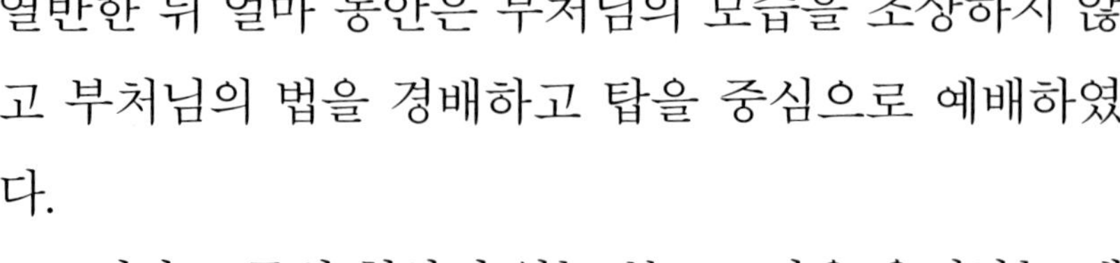

열반한 뒤 얼마 동안은 부처님의 모습을 조상하지 않고 부처님의 법을 경배하고 탑을 중심으로 예배하였다.

그러나 교주의 형상이 없는 불교교단을 유지하는 데는 한계가 있었다. 그러므로 결국 중생들에게 무엇인가 형상화된 귀의처가 필요하게 되었다. 그래서 교주 석가모니불의 생전 모습을 정형화하여 부처님의 모습을 조상하기 시작하여 오늘에 이르고 있다. 사찰마다 불상을 조성하여 불전에 모시는 궁극적인 뜻은 부처님께서 살아 계실 적에 예배하는 것과 같이 공경하며 예배하기 위한 것이다.

한편 중생은 과거의 업력 때문에 스스로 부처가 되기는 어려우므로 부처님의 가피력으로 성불하도록 하고자 배려하여 원력과 근기에 따라 각기 다른 불 · 보살상을 모시고 각자의 기원처로 삼도록 하였다. 그리하여 중생의 다양한 욕구에 맞는 여러 불 · 보살을 조형하게 되었다. 이런 여러 불 · 보살의 원력은 궁극적으로는 성불을 하고자 하는 데에 있으므로 여러 불 · 보살을 모두 받들어 행하는 것보다 각자 가장 좋아하는 부처님이나 보살을 모시고 일념으로 기도하는 것이 바람직하다.

불 · 보살의 명호는 굉장히 많다. 그중에서 우리나라에서는 아미타불 · 석가모니불 · 약사여래불 · 미륵불 · 비로자나불이 가장 많이 모셔진다. 보살로서는 관세음보살 · 지장보살 · 문수보살 · 보현보살 등이 있다.

또 불상을 만든 재료에 따라 명칭이 분류되기도 한다. 금동불, 목각불, 석불, 바위에 돋을새김을 한 마애불, 진흙으로 구워 만든 소조불, 옻칠로 만들어진 건칠불 등이 있다.

불상의 각부 명칭

대좌

대좌란 불상을 안치하는 자리, 곧 좌대를 말한다. 좌대는 수미산을 상징하여 만들었다 하여 수미좌대라고도 한다. 수미좌대의 모양은 수미산의 형상처럼 가운데가 오목하고 아래와 위가 넓은 원통형이다.

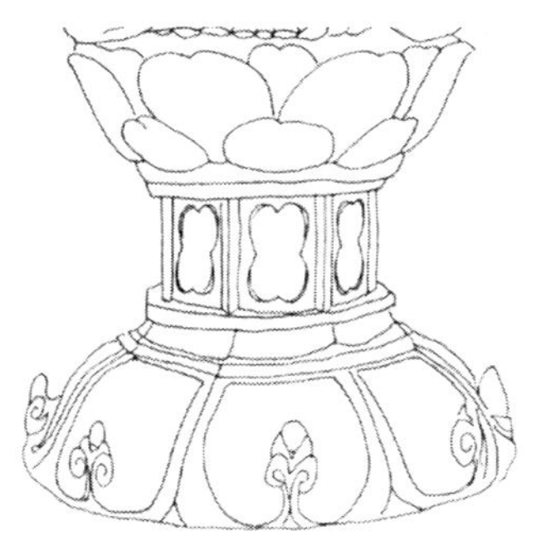

좌대

이러한 모양은 촛대에서 응용되어 나타난다. 또한 반드시 연꽃을 형상화하여 만들므로 연화좌대라고도 부른다. 사찰 안에 조성된 조형상들이 모두 연화대 위에 올라가는 것은 아니다. 신앙의 대상에 따라 대좌의 종류가 다르다.

금강역사는 주로 일반 암반 위에 올라서 있고, 사천왕은 악귀 등 살아 있는 생명체를 밟고 있는 생령좌에

여주 고달사지 방형좌대

불상의 세부명칭도

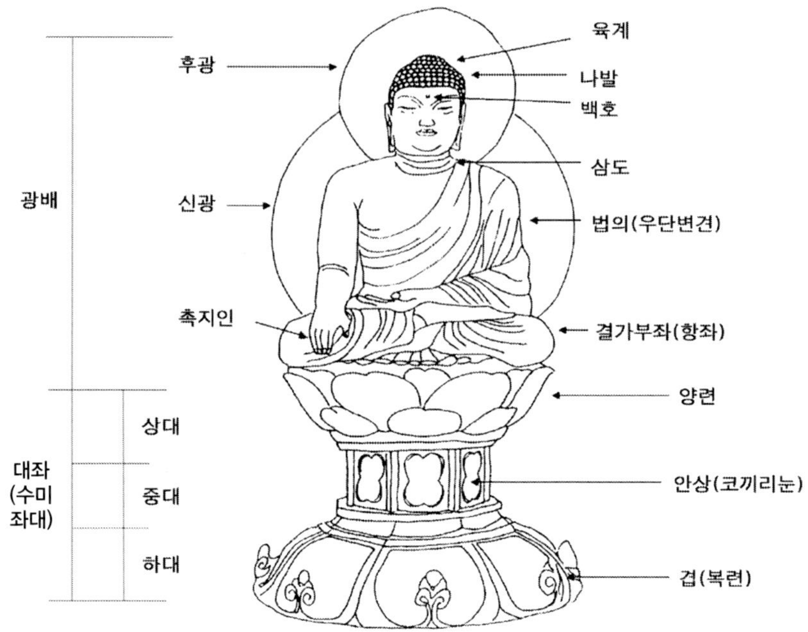

올라 있다. 부처님의 제자들부터 비로소 연꽃잎 위에 올라가기 시작하였지만 그들도 연꽃 전체 위에 올라가는 것이 아니라 단지 연꽃잎 하나 위에 올라갈 뿐이다. 이것은 경주 석굴암 안의 조형상에서 확인할 수 있다.

연꽃 전체 위에 올라갈 수 있는 존상은 보살 이상의 분들에게만 조성되는 형식을 보여주고 있다. 그러므로 일반적인 조형물에서 연꽃이 조성된 것이라면, 그것은 바로 불·보살을 모시고자 하는 것임을 알아야 한다. 이러한 것은 석등·석탑·종 등에서도 찾아볼 수 있는 정형성이다.

결가부좌

자세

불상은 대부분 결가부좌로 앉아 있는 좌상이지만 보처(補處)의 불이나 보살은 서 있는 입상이다. 결가부좌는 완전히 책상다리를 하고 앉는 정좌법(正坐法)이다. 이에는 오른발을 왼쪽 넓적다리 위에 얹어 놓은 다음

1. 경주박물관 삼화령 미륵삼존불
신라의 미륵 신앙을 엿볼 수 있는 삼존불로서 남산 삼화령 고개에서 출토되었기에 삼화령 미륵불로 명명되고 있다. 가운데 본존불은 의자에 앉아 있는 모습을 하고 있다.

2. 안성 궁예미륵 삼존불
누가 궁예미륵이라고 붙였는지에 대해서는 잘 알려져 있지 않다. 다만 궁예와 어떤 사적이 있었던 것으로 짐작되고 있다. 대표적인 백제 계통 미륵 신앙의 표현 양식으로서 입석으로 되어 있다. 지금의 세상은 석가모니불이 다스리기 때문에 미륵불은 건축물 안에 들어가지 않고 밖에 서 있는 모습이다.

왼발을 오른쪽 넓적다리 위에 얹는 항마좌(降魔坐)와, 그 반대로 왼쪽발을 오른쪽 넓적다리 위에 얹어 놓은 뒤 오른발을 왼쪽 넓적다리 위에 얹는 길상좌(吉祥坐)가 있다.

결가부좌는 석가모니 부처님이 보리수 아래에서 선정에 들어 무상정등각을 얻을 때 취한 자세이다. 항마좌는 악마들의 수많은 유혹을 물리치며 수행정진하는 모습을, 길상좌는 수많은 유혹을 물리친 뒤 득도하는 모습을 상징한다.

미륵불은 반대로 입상이 많다. 앉아 있는 좌상도 있

1. 의자좌
2. 유희좌

다. 이것은 아직 도솔천에서 내려오지 않은 것을 의미하는 미륵상생적 신앙을 나타낸다. 영남지역의 사찰에서 미륵불은 앉아 있는 것이 많다. 호남지역과 민중들의 신앙을 나타내는 마을에 조형된 미륵들은 대부분 서 있는 입불이다. 이것은 영남지방의 미륵불이 미륵상생적 신앙이 강조된 것이라면 호남지방은 미륵하생적 신앙이 강조된 것이기 때문이다.

이와 달리 미륵보살은 반가의 자세를 취하는 반가상이 많다. 이를 반가사유상이라고도 한다. 이것은 미륵보살이 석가모니 부처님이 입멸한 뒤 56억 7천만 년(인간 수명 8만 세가 될 때) 후 도솔천으로부터 이 사바세계로 내려와 미륵불로 성불한 뒤 세 번의 설법으로 272억 명을 교화하게 될 먼 미래를 생각하며 깊은 명상에 잠겨 있는 자세를 말한다.

이 자세는 의자에 앉아 오른쪽 다리를 왼쪽 넓적다리 위에 얹어놓은 모습이다. 왼손은 오른쪽 발목을 잡고 오른손은 오른쪽 무릎에 팔꿈치를 얹고 손가락을 볼에 대고 깊은 생각에 잠겨 있는 모습으로 나타낸다. 국보 제78호로 지정된 국립박물관에 소장된 금동미륵보살반가사유상이 유명하다.

약사여래불은 입상과 좌상이 동시에 존재하는데, 우리나라에서는 경주 분황사에서 볼 수 있듯이 초창기에는 입상 조형형식이었던 것이 점차로 앉아 있는 좌상으로 바뀌어간다.

또 오른쪽 무릎을 세우고 왼쪽 발을 직각으로 구부려 앉거나 대좌 밑으로 내려뜨리는 유희상(遊戲像)이 있고, 의자에 앉아 두 다리를 내리고 있는 자세의 의상(倚像), 두 다리를 교차하여 앉는 교각상(交脚像), 누워 있는 와상(臥像) 등이 있다.

의복

대부분 왼쪽 어깨만 덮고 오른쪽 어깨를 드러내어 아래로 흘러내려진 편단우견 형식을 취하지만 양쪽 어깨를 다 덮고 가슴 부분에서 U자형을 취하고 있는 통견도 있다. 통견 형식은 이미 삼국시대부터 나타나고 있다. 불상을 통견이나 편단우견으로 분류할 수 있는 것은 아니지만 미술사적으로 불상을 설명할 때 많이 사용되는 복장 용어이다.

편단우견은 부처님께서 법을 설할 때 취한 자세라고 알려져 있어 우리나라 불상 대부분에 정형적으로 적용되고 있다.

삼도

삼도(三途)는 불상의 목 부분에 음각으로 조성되는

편단우견, 삼도, 백호, 나발, 육계

석 줄의 선을 말한다. 원만하고 광대한 불신(佛身)을 나타내는 상징으로 보통 불 · 보살상에서 볼 수 있다.

백호

백호(白毫)는 부처님의 미간 사이에 난 희고 부드러운 털을 말한다. 대승불교에서는 광명을 비춘다고 하여 부처뿐만 아니라 여러 보살들도 모두 갖추도록 규정하였다. 작은 원형을 도드라지게 새기거나 수정 같은 보석을 끼워 넣기도 했으며 드물게 채색으로 직접 그리기도 하였다. 지혜의 눈인 심안을 상징한다고 전한다.

나발

나발(螺髮)은 오른쪽으로 말린 꼬불꼬불한 나선형 모양의 머리카락이다. 원래 부처의 32길상에는 머리카락에 관한 설명이 없지만 일부 경전에 나발이 오른쪽으로 말려 있다고 한다. 불상의 머리카락은 간다라 불상에서는 굵은 웨이브형인데 비해 마투라의 초기 불상에서는 소라모양으로 표현되었다. 시대가 내려가면서 점차 오른쪽으로 말린 꼬불꼬불한 나발형식으로 변하게 된다.

부처님의 경우에는 이러한 머리 모양인 나발을 조성하고 보살상인 경우에는 머리에 화려한 보관을 쓰고 있다. 나발과 보관으로 부처인지 보살인지를 구별할 수 있다.

육계

육계(肉琦)는 부처님의 정수리에 상투처럼 돌기한 부분을 말한다. 보통 혹처럼 살[肉]이 올라온 것이나 머리뼈가 튀어나온 것을 가리키기도 하며, 지혜를 상징한다. 불정(佛頂)·무견정상(無見頂相)·정계(頂契) 등이라고도 한다. 원래는 인도의 성인(聖人)들이 긴 머리카락을 위로 올려 묶던 형태로부터 유래한 것으로 보인다.

보관

보관

보관(寶冠)은 보석으로 장식된 관을 뜻하지만 특히 불상의 머리 위에 얹는 관을 의미한다. 보관은 고대 인도 귀인(貴人)들의 머리장식에서 유래된 것으로 불상을 장엄하는 데 목적이 있고 또 불·보살의 상징으로도 사용된다. 보관에 있는 여러 가지 화불(化佛)이나 지물(持物)이 새겨진 것을 기준으로 보살상을 구별하는 근거가 된다. 아미타불의 보처보살인 대세지보살은 보관에 정병이 새겨져 있고, 관세음보살은 아미타불이 새겨져 있다.

화불

화불(化佛)은 변화한 부처를 말한다. 응신불(應身佛)·변화불(變化佛) 등이라고도 한다. 아미타불의 자비로운 행위의 모습은 관세음보살로 화현함을 말하는 것이고, 대원력은 지장보살로 화현됨을 말한다.

마찬가지로 석가모니불의 자비행은 보현보살로, 큰 지혜는 문수보살로 나타나는 것을 말한다. 우리나라보살상에서 보관에 화불이 새겨져 있는 경우는 관세음보살에서 찾아볼 수 있다. 불 · 보살이 중생을 제도하기 위해 때와 장소를 가리지 않고 나타나는 것으로, 작은 여래형으로 표현된다.

지물(천수천안)

지물

지물(持物)은 불 · 보살을 비롯하여 불법을 보호하고 수호하는 신장이 조성될 때 지니는 물건으로서, 그들의 권능이나 자비 등 다양한 실체를 드러내기 위한 방법이다. 그것은 인물을 구별하는 요소의 역할을 한다.

불교 경전에 나오는 지물로서 경책, 정병, 구슬, 불자(拂子), 석장, 금강령, 거울, 산개, 바리때, 법륜, 금강저, 칼, 활, 방패, 도끼, 방망이, 끈, 악기, 공후, 징, 피리, 생황, 법라, 퉁소, 사자, 용, 뱀, 연꽃, 버들개지, 포도, 여의주, 탑, 궁전, 해, 달, 별, 구름 등이 있다. 지물을 지니는 방법으로는 직접 손으로 잡는 방법과 연꽃 위에 지물을 놓고 그 연꽃줄기로 잡는 방법이 있다.

금강역사의 경우는 금강저를 들고 있고, 사천왕은 비파 · 칼 · 용 · 여의주 · 삼지창 · 보탑 등의 지물로 각 천왕을 구별할 수 있다. 석굴암의 문수보살은 경책을 들고 있다. 관세음보살은 정병을, 지장보살은 여의주를 들고 있으며, 일광보살 · 월광보살은 각각 해와 달을 들고 있다.

불상의 경우에는 약사여래불이 약합이나 약병을 들

고 있어 쉽게 약사여래불임을 알 수 있다.

부처님의 손 모양–수인

수인(手印)이란 손으로 짓고 있는 인장이란 뜻으로 풀이된다. 인장이란 여래의 내적 깨달음 곧 스스로의 깨달음과 서원 또는 공적을 나타낸다. 그러므로 수인이란 모든 불 · 보살이 수행할 때 스스로 원하는 것을 이루고자 소원하는 것을 나타내는 손 모양을 말한다.

각 부처님을 구별하는 방법으로는, 손에 들고 있는 물건이나 앉아 있는 방위에 따라 일차적으로 구별하지만 그래도 구별되지 않은 경우 손 모양으로 구별하여야 한다. 이러한 부처님의 손 모양을 수인이라 한다.

석가모니 부처님의 다섯 가지 근본 수인으로는 선정인(禪定印) · 항마촉지인(降魔觸地印) · 시무외인(施無畏印) · 여원인(與願印) · 전법륜인(轉法輪印)이 있다. 그 밖에 비로자나불의 지권인(智拳印), 아미타불의 미타정인(彌陀定印), 그리고 합장인(合掌印) 등도 있다. 그러나 수인은 부처마다 각기 서원이 다르고, 때와 장소에 따라 서원의 내용이 달라지므로 그 종류는 아주 많다고 할 수 있다.

선정인

석가모니 부처님이 보리수 아래 금강보좌에 앉아 깊은 생각에 잠겼을 때 맺은 수인이다. 왼손 바닥을

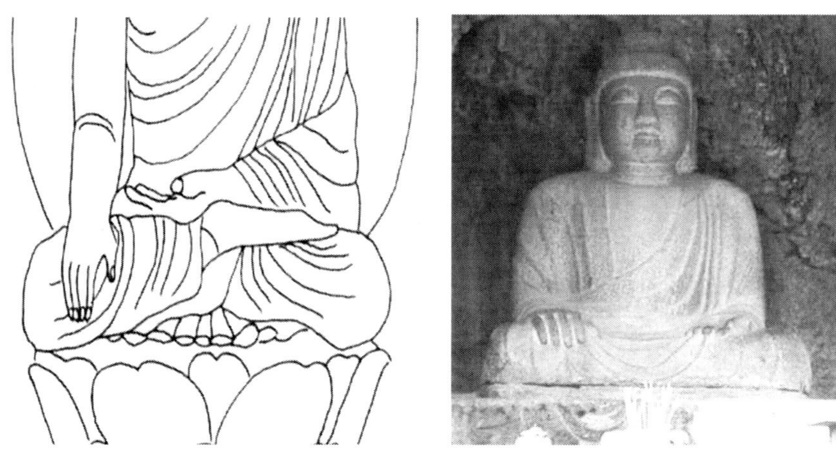

위로 한 채 배꼽 앞에 놓고 오른손도 손바닥을 위로 향하도록 하고 왼손 위에 겹쳐 양 엄지 끝을 맞대는 형식이다.

항마촉지인

항마인 · 촉지인 · 지지인 등이라고도 한다. 석가모니 부처님이 깨닫기 전에 오랜 수행을 통해 성불을 할 시기가 되었을 때, 모든 마귀의 대왕이 군사를 이끌고 와서 고타마 싯다르타에게 "과거에도 성불한 자가 없었고, 현재에도 없는데 어떻게 성불했음을 증명할 수 있는가"를 묻는다.

이에 싯다르타는 "과거에도 부처님이 계셨고 이를 지켜본 지신(地神)이 내가 성불했음을 증명한다"고 말하며 땅을 가리키자, 땅에서 지신이 솟아나 "과거의 부처님처럼 싯다르타는 성불했음"을 증명한다. 이에 드디어 싯다르타는 모든 마귀의 항복을 받고 석가모니 부처님이 되었던 데서 비롯된 수인이다.

그러므로 석가모니 부처님의 형상은 이러한 장면을 상징화하여 둘째 손가락으로 땅을 가리키고 있는 손 모양을 취하고 있다. 보리수 아래에서 땅을 가리키며 마귀를 항복시키는 것을 상징화한 수인이다.

오른손은 무릎에 대고 검지로 땅을 가리키며 왼손은 선정인의 자세를 취한다. 이 수인은 우리나라 불상에서 가장 많이 볼 수 있다. 경주 석굴암 본존불, 영주 부석사 무량수전 본존불, 경주 남산 미륵골 석불좌상, 합천 해인사 석조여래좌상 등이 있다. 이 가운데 부석사의 본존불은 석가모니불이 아니라 아미타불이다.

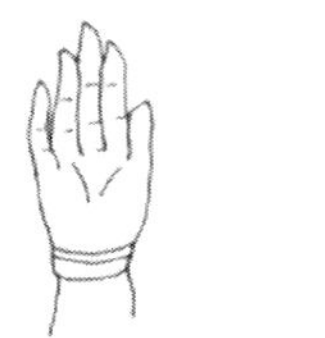

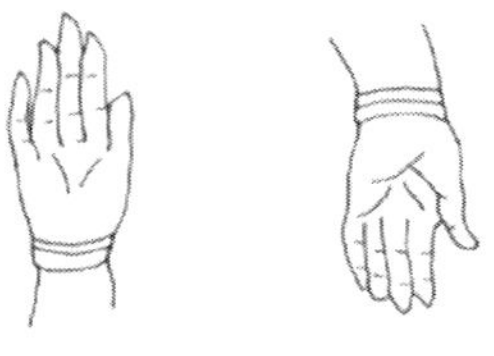

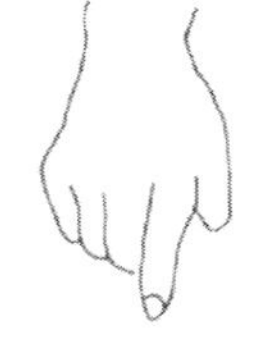

1. 선정인
2. 전법륜인
3. 시무외인, 여원인
4. 촉지인

시무외인

이포외인(離怖畏印)이라고도 한다. 부처님이 중생에게 두려움을 없애 줌으로써 공포와 두려움으로부터 벗어나게 하고 우환과 고난을 해소시키는 대자비의 덕을 보이는 수인이다. 다섯 손가락을 가지런히 펴서 손끝이 위로 향하고 다른 한 손은 손바닥이 밖을 향하도록 하여 어깨 높이로 올린 수인이다.

여원인

시여인(施與印) · 여인(與印) 등이라고도 한다. 부처님이 중생에게 자비를 베풀고 중생이 소원하는 것을 이루도록 해 주는 대자대비의 덕을 나타내는 수인이다. 손바닥을 밖으로 한 채 다섯 손가락이 아래로 향하여 손 전체를 늘어뜨린 수인이다. 이것은 시무외인과 함께 취하는 경우가 대부분이며, 이 두 수인을 합해 통인(通印)이라 한다.

그런데 우리나라 불상에 나타난 여원인은 아래로 향한 다섯 손가락 가운데 넷째와 다섯째 손가락을 구

부리고 있는 것이 특징이다. 논산 관촉사 미륵불상, 서산 마애삼존불의 본존불, 경주 배리 석불입상, 국립박물관에 소장된 감산사 석조아미타불입상 등이 유명하다.

지권인

비로자나 부처님이 짓는 수인이다. 왼손을 가슴까지 올려 둘째 손가락을 위로 세워 주먹을 쥐고, 오른손으로 왼손 둘째 손가락을 감싸쥔 다음 오른손의 엄지손가락과 왼손 둘째 손가락의 끝을 맞대는 수인이다.

이때 오른손은 부처님의 세계, 왼손은 중생세계를 나타낸다. 따라서 부처와 중생이 둘이 아니고, 깨달음과 미혹함이 본래 하나라는 것이며, 또 부처가 중생을 감싸는 모습이라고 알려져 있다. 장흥 보림사 철조비로자나불좌상, 철원 도피안사 철비로자나불좌상, 대구 동화사 비로암 석조비로자나불좌상 등에서 볼 수 있다.

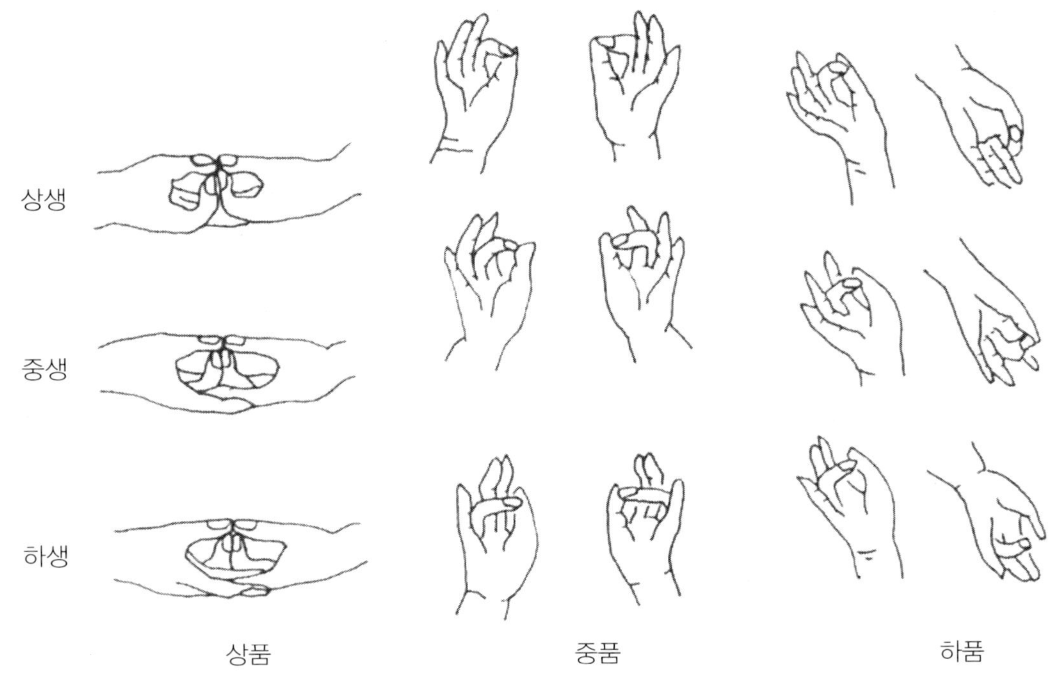

아미타불 구품수인

아미타불 구품수인

극락세계에서는 중생의 단계를 모두 아홉 개로 나누어 3품 9생계라고 한다. 일차적으로 중생의 근기에 따라 전체를 상 · 중 · 하품 셋으로 나누고, 이 각 3품에 따른 중생을 다시 각 품의 수준에서 세 등급으로 분류한 것이다.

곧 상품에서 다시 상품상생 · 상품중생 · 상품하생으로 나누고 중품과 하품의 중생도 각각 세 단계로 나누어 중품상생 · 중품중생 · 중품하생, 하품상생 · 하품중생 · 하품하생으로 나누어 모두 아홉 개의 중생계로 분류하였다.

예를 들면 하품중생은 말로서 이해가 되지 않는 지혜가 미천한 중생계이다. 중품중생은 말로서 이해할 수 있는 단계의 중생이다. 상품중생은 말이 필요 없는 경지에 이른 중생계로 구별할 수 있다.

우리나라 아미타불은 대부분 하품중생을 위한 설법 수인을 취하고 있다. 어쨌든 아홉 개 가운데 하나에 해당하는 수인을 취한 부처님은 아미타불이며, 중생을 위해 설법하고 있는 것을 상징한다.

불상의 존상과 탱화

전각 이름	다른 이름	본 존	좌우협시	후불탱화
적멸보궁	사리탑전	전신사리		
대웅전	대웅보전	석가모니불	가섭 · 아난 문수보살 보현보살 아미타불 약사여래 제화갈라보살	영산회상도 삼여래탱화
대적광전	비로전 대광명전	비로자나불	노사나불 석가모니불 문수보살 보현보살	삼신탱화 화엄탱화
극락전	무량수전 미타전 수광전	아미타불	관세음보살 대세지보살 관세음보살 지장보살	극락회상도 아미타 삼존탱화 극락구품도
약사전	유리전	약사여래	일광보살 월광보살	약사유리광 회상도
용화전	미륵전	미륵불		용화회상도 미륵탱화

전각 이름	다른 이름	본 존	좌우협시	후불탱화
영산전	팔상전	석가모니불		영산회상도 팔상도
나한전	응진전	석가모니불	가섭 · 아난 16나한	석가삼존탱화 16나한도
5백 나한전	나한전	석가삼존불	가섭 · 아난 5백성중	석가삼존탱화 5백나한도
천불전		현겁천불		천불탱화
원통전	관음전 보타전	관세음보살	남순동자 해상용왕	관음탱화 사십이수 천수관음도
명부전	지장전 시왕전	지장보살	도명존자 무독귀왕 시왕 등	지장탱화 시왕탱화
대장전	장경각	비로자나불	문수 보현 가섭 아난	
조사전	조사당	역대조사		조사영정
독성각		나반존자		독성탱화
산신각	산령각	산신		산신탱화
칠성각	북두전	칠여래		칠여래탱화
삼성각		독성 산신 칠성		독성탱화 산신탱화 칠여래탱화

2부

아귀세계에서 부처님의 세계까지

아귀세계에서 부처님의 세계까지

사찰 구조가 불교의 세계관을 통해 알 수 있는 것이라면, 사찰의 각 구조물에서 보이는 중생들의 세계를 알기 위해서는 불교에서 말하는 10세계를 이해해야 한다.

불교의 10세계란 세상에 있는 모든 존재를 수행의 정도에 따라 등급으로 분류해 놓은 것을 말한다. 여기에는 가장 하위 세계인 지옥 중생을 비롯하여 아귀 · 축생 · 아수라 · 인간 · 천상의 6세계와 깨달음의 세계인 성문 · 연각 · 보살의 3세계 그리고 마지막 완성 단계인 부처님의 세계에 이르기까지 10세계로 나누어진다.

삼계

10세계 가운데 욕계 · 색계 · 무색계를 말한다. 석가모니 부처님을 삼계의 큰 스승이라고 부르는 경우 욕계는 욕망으로 이루어진 세계, 색계는 물질로 이루어진 세계, 그리고 무색계는 정신으로 이루어진 세계이다. 그러므로 삼계란 깨닫지 못한 모든 중생계를 통칭하여 부르는 말로 이해하면 된다(불교의 십계도 참조).

삼계에 대해 더 자세히 살펴보기로 하자.

욕계는 식욕 · 수면욕 · 음욕과 같은 욕망으로 덮인 세계로 여기에는 지옥 · 아귀 · 축생 · 아수라 · 인간 · 6욕천(사천왕천 · 도리천 · 야마천 · 도솔천 · 낙화변천 · 타화자재천)의 세계가 있다.

색계는 색천 또는 색행천이라고도 한다. 이 세계는 욕계와 같은 식욕 · 수면욕 · 음욕과 같은 탐욕에서는 벗어났지만 아직 물질에서 완전히 벗어나지 못한 물적인 존재들이 사는 세계이다.

이 세계는 네 가지 선정을 닦은 사람이 죽은 뒤에 태어나는 천계이며 욕계 위에 있다. 선정의 얕고 깊음과 거칠고 미세함에 따라 크게 4선천으로 나누어지고, 더 자세히는 17천(또는 16천, 18천)으로 나누어져 이를 4선 17천이라 부른다.

4선 17천이란 초선천에는 범중천 · 범보천 · 대범천의 3천이 있고, 제2선천에는 소광천 · 무량광천 · 극광정천의 3천이 있으며, 제3선천에는 소정천 · 무량정천 · 변정천의 3천이 있고, 제4선천에는 무운천 · 복생천 · 광과천 · 무번천 · 무열천 · 선현천 · 선견천 · 색구경천의 8천이 있다. 그리고 16천설에서는 대범천이 범보천에 포함되고, 18천설에서는 광과천 위에 무상천을 더한 것이다.

무색계는 무색천 또는 무색행천이라고도 한다. 이 세계는 이미 욕망은 물론이고 물질적인 육체를 떠나 4무색선정(四無色禪定: 공무변처정 · 식무변처정 · 무소유처정 · 비상비비상처정)을 닦은 자가 죽은 뒤 태어나는 순수한 정신적 세계 또는 그러한 존재들을 말한다.

이 세계는 물질을 이미 떠나 공간을 갖지 않으므로 공간적인 높고 낮음은 없으나 과보에 따라 네 단계로 나누어진다. 곧 4무색선정에 따라 공무변처 · 식무변처 · 무소유처 · 비상비비상처의 4천이 있다.

삼악도

삼악도는 삼악취(三惡趣)라고도 한다. 스스로 지은 악업에 의해 태어나는 지옥 · 아귀 · 축생과 같은 중생이 사는 세계 또는 그들의 생존 상태를 말한다. 이 삼악도에 아수라를 더해 4악도라고도 한다(불교의 십계도 참조).

이 삼악도에 태어나면 점점 인간의 몸을 받기 어려워지고 그곳에 사는 동안 또 악업을 짓게 되어 그 과보로 윤회하게 된다는 점에서 특히 나쁜 곳이라고 말할 수 있다.

인간의 몸으로 생활하던 자가 악업을 지어 삼악도에 떨어지게 되면 웬만한 인연 없이는 다시 인간으로 태어나기 어렵다. 그러므로 인간으로 살면서 악업을 지어 인간 이하의 삼악도에 떨어질 업은 짓지 않도록 해야 한다.

지옥은 죄업을 지어 아주 심한 고통의 세계에 태어난 중생 또는 그런 중생의 세계를 일컫는 말이다. 지옥세계는 지하에 있는 세계로 염라대왕이 다스리는 곳이다. 염라대왕 밑에는 명관(冥官: 저승의 관리), 소와 말의 머리 모양을 한 지옥 간수들이 지옥 중생을 다스리며 갖가지 형벌도구로 고통을 준다고 한다.

아귀는 전생에 악업을 짓고 욕심을 부린 자가 태어나는 곳이다. 이곳의 중생은 늘 갈증에 괴로워한다. 이에는 무재(無財) · 소재(小財) · 다재(多財)라는 세 종류의 아귀가 있다. 무재아귀는 아무것도 먹을 수 없는 아귀, 소재아귀는 피나 고름 등을 먹는 아귀, 다재아귀는 사람이 남긴 물건이나 사람이 주는 것만 먹는 아귀이다. 이 아귀세계의 주인은 염라대왕이다.

축생은 고통이 많고 즐거움은 적으며, 식욕과 음욕만 강하고 무지하여 부자 또는 형제 사이의 윤리가 없으며 싸우고 서로 잡아먹는 세계이다. 축생계는 계를 어기고 도적질이나 살생을 하거나 빚지고 갚지 않거나 불법 듣기를 좋아하지 않는 중생이 태어나는 곳이라 한다.

사생

생물, 곧 중생이 태생(胎生) · 난생(卵生) · 습생(濕生) · 화생(化生)의 네 가지 형태로 태어나는 것을 말한다.

태생은 어미의 태에서 태어나는 중생으로 사람 · 짐승류 등을 말한다.

난생은 알에서 태어나는 중생으로 조류 · 어류 등이 있다.

습생은 습기에서 태어나는 중생으로 벌레 등이 있다.

화생은 스스로 업력에 의해 갑자기 변화를 통해 태어나는 중생으로 여러 천신과 지옥의 중유(中有)의 중생이 있다.

난생은 곤충류를 비롯하여 조류·어류 등이 일반적으로 여기에 해당된다. 가야국 시조 구지봉의 신화나 김알지와 신라의 시조 박혁거세도 알로 태어났다고 전하고 있다.

어머니에게서 태어나는 태생의 경우는 인간이 대표적이지만 축생계에서 특히 많이 보이는 방법이다.

습기로 태어나는 것으로는 박테리아 종류를 들 수 있다.

화생으로는 불·보살이 화현한 것을 들 수 있으나 인간보다 높은 단계인 천상 세계에서는 조건이 되면 그대로 다른 존재로 화생하는 것으로 알려져 있다. 현실세계에서는 곤충의 변화를 화생으로 추측할 수 있다.

이와 같이 사생이란 모든 존재가 태어나는 방법을 말하므로 중생과 보살을 포함한 모든 존재를 가리키는 용어로 사용된다.

반야와 무명의 세계

반야의 세계는 깨달음의 세계이고, 무명의 세계는 깨닫지 못한 세계를 가리킨다.

불교에서 깨달음이란 인연법을 깨닫는 것, 곧 세상의 변화와 본질을 파악하는 원리인 연기법을 말한다. 이

법은 부처님이 창안한 것이 아니라 세상이 움직이는 원리이고 존재하는 원리를 깨달은 것이며 그것을 확인한 것이다.

그렇기에 부처님은 깨달음의 안내자요 스승이라고 한다. 이 법을 깨달은 존재가 성문 · 연각 · 보살이라면 깨닫지 못한 존재는 중생이다. 중생이란 이러한 지혜가 없거나 모자라서 모든 일을 다 완벽하게 알 수가 없는 존재이므로 올바른 행동을 하지 못하고 행위에 따라 갖가지 업보를 만드는 것이다. 그러므로 욕계 · 색계 · 무색계의 중생계를 깨달음의 세계와 구별하여 미혹의 세계라 한다.

불교의 십계도

완성의 세계		⑩불(佛)
깨달음의 세계 (悟計)		⑨보살(菩薩) ⑧연각(緣覺) ⑦성문(聲聞) ⑥천(天)
무색계 (無色界)		비상비비상천(非想非非想天) 무소유천(無所有天) 공무변천(空無邊天) 식무변천(識無邊天)
색계 (色界)	사선천 (四禪天)	색구경천(色究境天) 선견천(善見天) 선현천(善現天) 무열천(無熱天) 무뇌천(無惱天) 무상천(無想天) 광과천(廣果天) 복생천(福生天) 무운천(無雲天)
	삼천전 (三禪天)	변정천(邊淨天) 무량정천(無量淨天) 소정천(少淨天)
	이선천 (二禪天)	극광정천(極光淨天) 무량광천(無量光天) 소광천(少光天)
	초선천 (初禪天)	대범천(大梵天) 범보천(梵輔天) 범중천(梵衆天)

<table>
<tr><td rowspan="3">욕계
(欲界)</td><td>육욕천
(六欲天)</td><td>타화자재천(他化自在天)
낙변화천(樂變化天)
도솔천(兜率天)
야마천(夜摩天)
33천(도리천, 忉利天)
사천왕중천(四天王衆天)</td></tr>
<tr><td></td><td>⑤인간(人間)
④아수라(阿修羅)</td></tr>
<tr><td>삼악도
(三惡道)</td><td>③축생(畜生)
②아귀(餓鬼)
①지옥(地獄)</td></tr>
</table>

불교의 십계도

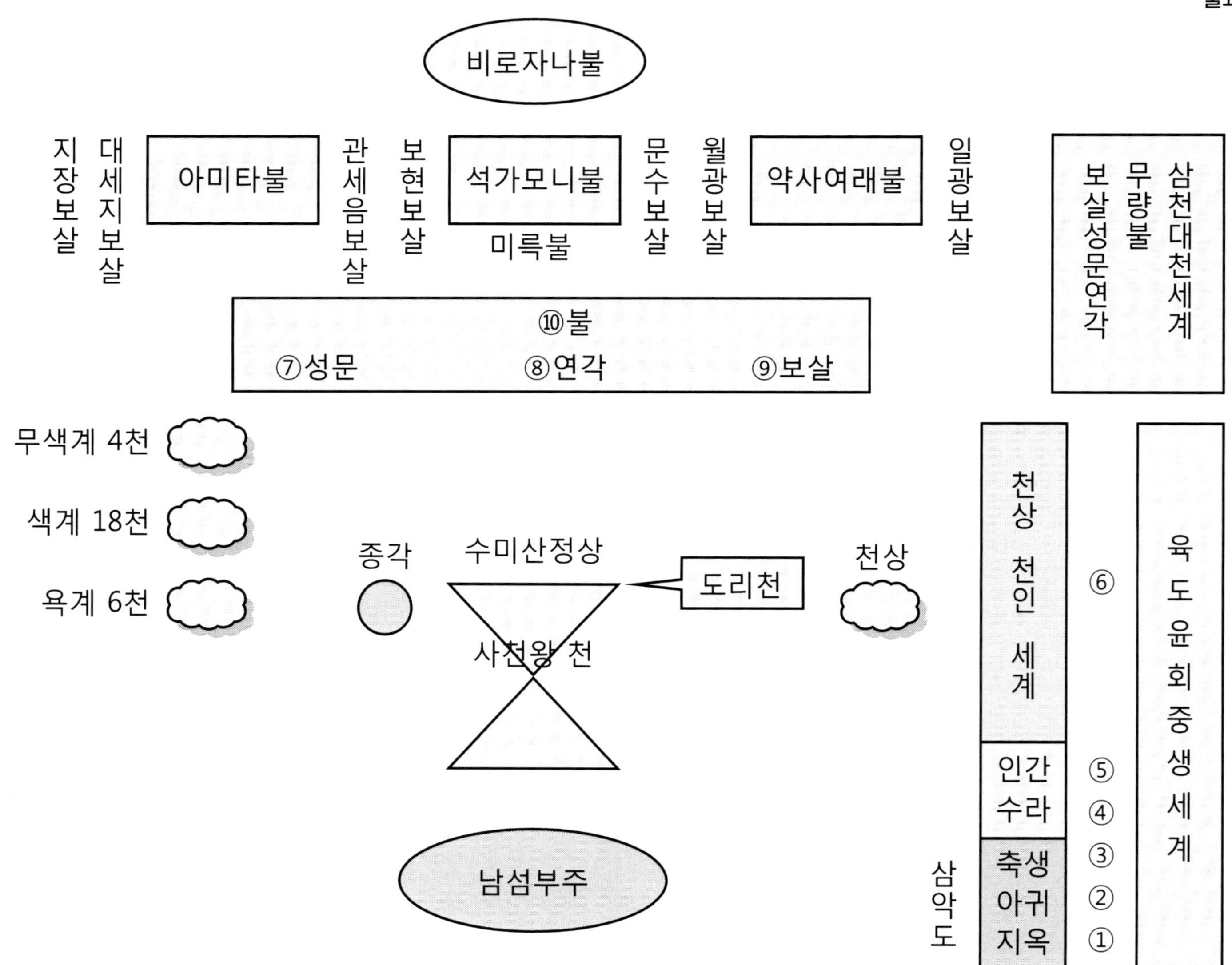

비로자나불
지장보살
대세지보살
아미타불
관세음보살
보현보살
석가모니불
미륵불
문수보살
월광보살
약사여래불
일광보살
삼천대천세계
무량불
보살성문연각
⑩불
⑦성문
⑧연각
⑨보살
무색계 4천
색계 18천
욕계 6천
종각
수미산정상
도리천
천상
사천왕 천
남섬부주
천상 천인 세계
인간
수라
축생
아귀
지옥
삼악도
⑥
⑤
④
③
②
①
육도윤회중생세계

인간의 수레바퀴–중생세계

지옥중생

지옥은 땅속에 있는 감옥이라는 뜻으로, 죄를 지은 중생이 벌을 받는 곳이다. 지옥은 각자가 지은 업에 따라 벌을 받는 곳으로, 고통을 상징한다. 지옥의 위치는 우리가 살고 있는 사바세계인 남섬부주의 지하에 있다고 전해진다.

사찰의 명부전에 그려진 탱화를 중심으로 지옥의 내용을 하나하나 살펴보자. 단편적으로 불교에서 지옥의 형상과 벌은 경전에 따라 조금씩 다르지만, 『불설예수시왕생칠경』에 따라 10대 지옥으로 나누어 설명해 본다.

제1 도산지옥: 진광대왕전, 죽은 지 7일째 되는 날에 도달하는 칼로 만들어진 산이 있는 곳이다. 높은 산 위에서 굴려 뾰쪽하게 나온 칼날에 몸이 찔리고 손발이 잘리는 장면으로 묘사되어 있다.

제2 화탕지옥: 초강대왕전, 죽은 지 14일째 되는 날에 도달하는 곳이고, 죄인을 뜨거운 기름 솥에 넣어 튀기는 장면이 그려져 있다.

제3 한빙지옥: 송제대왕전, 죽은 지 21일째 되는 날에 도달하는 곳이고, 냉기 속에 꽁꽁 얼리는 고통을 받는 지옥이다.

제4 검수지옥: 오관대왕전, 죽은 지 28일째 되는 날에 도달하는 곳이고, 수많은 칼이 숲처럼 빽빽하게 날을 세우고 있는 지옥으로 몸이 잘리는 고통을 받는 곳이다.

제5 발설지옥: 염라대왕전, 죽은 지 35일째 되는 날에 도달하는 곳이고, 혀를 집게로 꺼내어 바닥에 깔고 소가 쟁기로 혀를 가는 모습이 그려져 있다.

제6 독사지옥: 변성대왕전, 죽은 지 42일째 되는 날에 도달하는 곳이고, 독사가 득실거리는 웅덩이에 빠뜨리는 장면이 그려져 있다.

제7 거해지옥: 태산대왕전, 죽은 지 49일째 되는 날에 도달하는 곳이고, 죄인을 기둥 사이에 세워 놓고 톱으로 머리부터 자르기 시작하여 발끝까지 썰어 분해하는 고통을 주는 그림이 그려져 있다.

제8 철상지옥: 평등대왕전, 죽은 지 100일째 되는 날에 도달하는 곳이고, 쇠판과 쇠판 사이에 죄인을 끼워 눌러 으깨는 장면이 묘사되어 있다.

제9 풍도지옥: 도시대왕전, 죽은 지 1년째 되는 날에 도달하는 곳이고, 강한 바람이 부는 곳에서 고통을 주는 곳이다.

제10 흑암지옥: 전륜대왕, 죽은 지 3년째 되는 날에 도달하는 곳이고, 암흑 속에 가두어 버리는 형벌을 주는 곳이다.

1. 도산지옥
2. 화탕지옥
3. 발설지옥
4. 거해지옥

이상 10지옥은 각 지옥대왕이 다스리고, 지옥에는 모두 10명의 대왕이 있다. 우리가 흔히 아는 염라대왕은 지옥의 왕으로 알려져 있지만 『불설예수시왕생칠경』에 따르면 제5 발설지옥을 관장하고 있는 대왕임을 알 수 있다.

우리가 잘 알고 있는 49재는 재일이 7 · 7일째 되는 날로 태산대왕까지 관여한다. 특히 제10지옥은 전륜대왕이 다스리는 곳으로 다음 생을 받는 지옥이다. 혹시 고인에게 49재를 올리지 못했다면 돌아가신 지 3년째 되는 날에 대상재만이라도 지내 주어 좋은 곳에 태어나도록 배려하는 것도 고려해 볼 일이다.

지옥의 괴로움을 짐작한 가족들이 영가를 위해 조상천도를 하는 경우가 많다. 이때 찾는 보살이 지장보살인데 지장보살은 어머니를 찾기 위해 지옥을 살피다가

1. 업경대와 심판
2. 지옥 입구 상상도
3. 지옥형벌
4. 10대왕 전륜대왕도 (윤회장면)

지옥의 중생들이 너무 많고, 힘든 고통 속에 있는 것을 보고 지옥의 모든 중생을 구제하고 난 뒤 성불하겠다며 서원을 세운 보살이다.

지옥에 중생이 한 사람이라도 남아 있는 한 지장보살의 힘든 노력은 계속될 수밖에 없고, 지장보살의 성불은 요원할지도 모를 일이다. 지장보살의 이러한 노력을 덜어 주는 재가 있는데 그것이 바로 생전예수재이다.

『지장보살본원경』 중 「이익존망품」에 보면 "살아 생전에 좋은 인연은 닦지 않고 죄만 많이 지은 사람이 죽은 뒤 그 영가를 위해 권속들이 공덕을 베풀더라도 영가는 그 공덕의 1/7만 받고 나머지 6/7은 살아 있는 사람들 자신에게 돌아가게 된다. 그러므로 현재나 미래의 중생들은 스스로 수행하여 그 공덕을 받아라"라고 하였다.

이런 배경에서 생전에 복을 짓는 생전예수재가 윤달이 든 해에 실시되고 있다. 이처럼 생전예수재란 살아생전에 스스로의 복을 미리 쌓아 두는 재를 말한다. 생전예수재가 유래된 데에는 다음과 같은 이야기가 전해진다.

인도 마가다 국의 빔비사라 왕이 어느 해 갑자기 명부로 끌려가게 되었다. 저승사자에 의해 지옥으로 끌려간 빔비사라 왕은 저승사자에게 "나는 왕에 오른 이후 바른 법으로 나라를 다스리며 선업을 지었다고 자부하는데 무슨 죄가 있다고 벌을 주려 하십니까?"라고 물었다.

이에 저승사자들이 "생전에 성심성의로 시왕을 공양하지 않아 종관 권속들이 대왕의 공양을 받지 못해 이러한 고통을 받게 된 것임을 아십시오."라고 대답하였다.

다시 빔비사라 왕은 사자의 말이 이해가 되지 않아 "세상에는 종관의 이름조차 모르는 범부들이 많은데 그런 그들이 모두 나와 같은 고통을 받는 것은 너무 지나친 처사입니다. 이제 사자를 통해 종관 권속을 알게 되었으니, 그분들의 이름을 알려 주시고 저를 다시 세상에 돌려보낸다면 모든 중생들에게 알리겠습니다"라고 하였다.

명도(冥途)에서는 그럴 수 있다고 받아들여 왕을 다시 세상으로 보내게 되었다. 이에 명부를 다스리는 많은 종관 권속들의 명호가 알려지게 되었고 살아 생전에 수행과 공덕을 닦아 두는 재를 지내게 되었다. 이런 인연으로 생전예수재가 실시되었고, 특히 윤달에 시행되는 특징이 있다.

윤달은 송장을 거꾸로 세워도 탈이 없다는 속담이 있을 정도로 큰 탈 없이 복만 있는 때이므로 현세의 복이 아닌 내세의 복을 닦는 생전예수재를 지내기에 가장 좋은 달이다.

어쨌든 지옥이란 한마디로 스스로가 지은 업에 따라 죄과를 받는 곳이고, 죄에 따라 10대 지옥으로 나뉘어 형벌의 고통을 받는 곳임을 알 수 있다. 유의할 점은 제10 흑암지옥의 대왕인 전륜대왕에 이르면 윤회를 받는데 지옥에서 형벌을 다 받은 중생은 업력에 따라 각자의 업보에 맞는 윤회의 길로 들어서게 된다. 결국 다음 생으로의 윤회도 지옥에서 시작된다는 것을 알 수 있다.

아귀중생

아귀중생 상상도

지옥 위에 있는 중생계로서 인색함, 탐욕, 시기 그리고 질투 때문에 생겨난 중생이다. 아귀중생의 배는 수미산만큼 커서 항상 배가 고파 배를 채울 음식물을 찾아 헤매지만, 목구멍이 바늘구멍만 하여 음식을 먹을 수 없는 중생이다. 설사 바늘구멍 만한 목구멍으로 음식을 넘기더라도 배에 들어간 음식물이 불로 변하여 고통을 당

감로탱화
아귀에게 감로수를 공양하며 천도하므로 아귀탱화를 감로탱화라 한다.

하는 중생계이다.

『우란분경』에 따르면 석가모니 부처님의 제자 목련존자가 부처님에게 귀의하여 여섯 가지 신통력을 얻은 뒤 그 신통력으로 어머니를 살펴보았다고 한다. 그런데 어머니는 아귀중생이 되어 고통을 받고 있기에 목련존자가 신통력으로 어머니를 구제하려고 했지만 할 수가 없었다. 그런 어머니를 생각하며 슬피 울다가 부처님께 어떻게 하면 어머니를 구제할 수 있는지를 여쭈었다.

부처님이 이르시기를 "지금 살아 있는 부모부터 7대에 이르는 조상들을 위해 음력 7월 15일에 밥과 여러 가지 음식, 다섯 가지 과일, 그리고 기름 · 등촉 · 평상 · 좌복 등을 갖추어 세간의 좋은 음식으로 시방의 대덕스님들을 공양하라."고 하였다. 이에 목련존자가 7월 15일에 여러 고승들에게 공양을 올려 고승들의 법력으로 어머니를 비롯한 아귀중생 및 지옥의 중생을 구제하게 되었다는 이야기가 전해진다.

이와 같이 아귀중생으로 윤회하는 어머니를 구제하

기 위한 목련존자의 효성 때문에 하안거(승려들이 음력 4월 15일부터 7월 15일까지 일정한 곳에 머물며 수도하는 일) 수행을 마친 고승들이 법력을 모아 사후 중생의 고통을 해결한 날이 우란분절이다. 우리나라에서는 우연하게도 농사일을 마치는 백중과 같은 날에 행해지고 있는데, 이 백중날 전국 사찰에서는 먼저 돌아가신 부모의 천도를 위한 우란분재를 행한다.

그러므로 우란분절은 살아 있는 생명에게는 일 년의 힘든 농사일을 마친 뒤의 노동해방절이고, 망자에게는 천도의식을 하는 날이다. 따라서 산 자건 죽은 자건 모든 중생의 생명해방의 날이라고 할 수 있다.

어쨌든 아귀중생은 굶주림의 고통을 극심하게 겪는다는 점에서 이 아귀중생의 허기를 달래주기 위해 목구멍에 걸리지 않는 공양물을 주고 있다. 절마다 대웅전 앞쪽이나 대중방 한곳에 기와장을 깨어 둥글게 모아 놓고 천수물이나 스님들이 바루 공양을 한 뒤 씻은 곡기가 남은 물을 부어준다.

경주 감포 대왕암
문부대왕이 용으로 환생했다는 곳

축생중생

남에게 길러지는 생류라는 뜻으로 고통이 많고 즐거움이 적으며, 성질이 사납고 무지하고, 식욕과 음욕이 강하며, 부자와 형제의 차별이 없어 서로 잡아먹고 싸우는 날짐승 · 네 발 달린 짐승 · 벌레 등을 말한다.

축생은 수중이나 육지, 하늘에 살고 있는 존재이다. 축생의 특징은 이성이나 의지력에 따라 행동하는 것이 아니고, 본능에 따라 행동한다는 점이다. 반면 이성을 가진 인간은 원력으로 산다는 점에서 축생과 구별된다. 하지만 인간이 이성을 잃고 본능에 따라 살아간다면 축생과 다를 바 없다.

『삼국유사』에 보면 축생에 얽힌 이야기가 있다.

문무왕이 지의법사에게 "짐은 죽은 뒤 나라를 지키는 큰 용이 되어 불법을 받들어 나라를 지키겠노라"라고 하자, 법사는 "용은 짐승의 응보인데 어찌 용이 되신다고 하십니까?"라고 말했다. 왕은 "나는 세상의 영화를 버린 지 오래되었다. 그러니 짐승이 된다 해도 내 뜻에 맞는 일이다"라고 하였다. 결국 문무왕은 죽은 뒤 동해 대왕암에 수장되었고, 동해의 용이 되어 신라를 수호하게 되었다. 이에 아들 신문왕이 부왕의 은혜를 갚고자 감은사를 지었다고 전한다.

이것을 보면 용 또한 축생으로 분류됨을 알 수 있다.

같은 축생이라도 그 축생이 짓는 업은 다양하게 구분된다. 초식동물이 짓는 업력은 생명력을 앗아간다는 점에서는 육식동물의 업과 같지만, 그 원한에 대한 업보는 적다고 할 것이다. 육식동물이 짓는 업력은 어떤 먹이를 취하는가 하는 대상과 어떻게 잡아먹느냐 하는 방법에 따라 다르다. 그러므로 축생은 살아가면서 살생의 업보가 더욱더 가중되어 윤회를 거듭하게 된다.

아수라중생

축생계와 인간계 사이에 있는 중생이다. 아수라는 아수라세계의 모든 귀신을 통틀어 일컫는 용어이다. 아수라는 원래 싸움의 신이었으나 부처님에게 귀의하여 불법을 지키는 신이 되었다.

얼굴은 삼면이고 손은 여섯 개로 검·해·달·금강저·밧줄 등의 지물을 들고 있다. 불탑이나 부도 등에 많이 새겨져 있고 잡귀를 막는 수호자이다. 특히 신중탱화에도 중앙에 아수라가 그려져 있는 것을 볼 수 있다.

인간 가운데서 싸움과 시비 걸기를 좋아하는 사람은

아수라로부터 전생한 존재인지도 모른다. 아수라 중생들이 사는 세계는 서로 다투며 싸우는 곳이므로 이를 비유하여 인간세계에서 싸움판을 아수라장이라고 표현하기도 한다. 축생과 같은 본능적인 힘에 따라 움직이는 단계는 넘었으므로 노력에 따라 인간으로 태어날 수 있는 가능성은 지니고 있다.

그러나 주위 환경이 끝없이 시비를 걸어와 싸움을 하게 하니 웬만한 노력 없이 인내하며 지내기 어렵다. 이곳 또한 인간으로 태어나기 어렵고, 오히려 축생으로 윤회될 가능성이 높은 곳이다.

1. 아수라상
구례 화엄사 석탑에 있는 아수라상. 악귀나 기타 나쁜 것들을 물리치는 것을 상징하여 석탑이나, 부도에 많이 새겨져 있는데, 그 위치가 4천왕보다는 낮은 계위이므로 하단 쪽에 조성된다.
2. 아수라탱화

인간중생

지옥 · 아귀 · 축생 · 아수라의 중생계보다 위 단계이고 천상세계 바로 아래 단계에 있는 이성을 가진 존재이다. 인간계는 노력에 따라 천상계에 태어나거나 반대로 아래 단계로 떨어질 수도 있는 위치에 있다. 다시 말하면 천상계에서 수행이 부족하여 인간계로 떨어지거나 아래 단계에서 천상계로 가기 위해 윤회해 온 존재가 머무는 세계이다.

그러므로 인간 중에는 천상의 생활습성을 지닌 자들도 있고, 아귀 · 축생 · 아수라의 습성을 지니고 있는 자도 있다. 이것은 인간 심성에 천상의 습성과 인간 이하 중생계의 습성을 같이 가지고 있다는 뜻일지도 모른다.

어쨌든 인간은 이성을 가진 존재로서 자신의 의지와 노력에 따라 다음의 존재 양태를 결정할 수 있는 중생이다. 인간보다 낮은 단계의 중생계에서 높은 단계로

인간도
성난 코끼리를 피했는데 아래는 독사가 있는 벼랑에서 썩은 동아줄에 매달려 있는 중에, 검은쥐 · 흰쥐가 동아줄을 갉아먹고 있는 절박감에 아랑곳없이 벌꿀의 단맛에 빠져 있는 모습을 인간이라고 표현하고 있다.

윤회하기가 매우 어려운 것은 앞에서 살펴보았다.

그런데 인간계 또한 고통스럽고 힘든 곳임은 우리 스스로가 잘 알고 있다. 이러한 고통의 바닷속에서 상위 단계로 올라가기 위한 노력을 하지 않고 되는 대로 산다면 축생으로 윤회할 가능성이 높고, 분노를 참지 못하고 시비만을 일삼는다면 아수라로 윤회될 것이다.

반대로 자신의 노력에 따라 상위 단계로 올라갈 수 있는 중요한 위치에 있는 것도 잊어서는 안 된다. 물론 인간이 다시 인간으로 태어나는 것도 쉽지 않다. 하물며 상위 단계에 태어나고자 한다면 얼마나 많은 노력과 정성이 요구되겠는가.

같은 인간이면서도 원효대사나 성철스님과 같은 분이 계시는가 하면 강도 · 살인 · 절도 등을 일삼으며 악업을 짓는 무리가 있다. 우리가 어떤 업을 짓고 살아가고 있는가를 스스로 생각한다면 자신들의 다음 존재 양태는 어떠할지 짐작할 수 있으련만 많은 인간들이 아직 그 사실을 알지 못하고 있으니 안타깝기 그지없다.

부처님도 모든 업은 중생 스스로 지어서 스스로 그

과보를 받는다고 하였다. 아무쪼록 인간의 몸 받기가 어려운데 인간으로 태어났을 때 열심히 수행하여 더 높은 경지로 갈 수 있기를 빌어 본다.

인간으로 태어나기도 어렵지만 부처님의 법을 만나기는 더욱더 어렵다. 불교에서는 이를 "대해에 떠다니는 구멍 뚫린 판자에 거북이 목을 내밀어 쉴 수 있는 확률의 인연이다."라고 한다. 향수해의 눈먼 거북이 천 년마다 한 번씩 숨을 쉬기 위해 수면 위로 올라오는데 이때 향수해를 떠다니는 나무판자의 뚫린 구멍으로 고개를 내밀어 쉴 수 있었다고 한다.

천 년마다 한 번씩 수면으로 올라오는 것도 오랜 시간인데, 그 넓은 향수해에 떠도는 작은 판자를 눈 먼 거북이 어떻게 보고 찾을 수 있겠으며, 우연히 머리를 내밀어 판자에 뚫린 구멍에 맞출 수 있는 확률은 과연 얼마나 되겠는가.

이렇게 어려운 확률에 맞추어 만난 귀한 인연이므로 다음으로 미루지 말고 금생에 노력하여 조금 더 나은 단계로라도 상승할 수 있도록 수행하라는 경계의 말이다. 부처님의 법을 만나 불교에 귀의하여 불교 신도가 되는 것만을 말하는 것이라고 생각해서는 안 된다. 이것은 물질적 만족을 추구하는 데에 시간을 허비하지 말고 자신이 처한 위치를 돌아보고 나아가 자신의 존재 본질을 참구하여 궁극적으로 성불을 위해 끝없이 노력해 나가라는 말이다.

천상계

연주하는 천인들

인간 중생계를 지나면 하늘의 중생이 사는 천상계가 나타난다. 천상계는 사천왕이 살고 있는 사천왕천을 비롯하여 수미산 정상의 도리천이 있다.

수미산 정상을 벗어나 천상에는 야마천 · 도솔천 등의 욕망을 벗어나지 못한 욕계 6천, 물질의 한계를 벗어나지 못한 색계 18천(또는 16이나 17천), 정신의 번뇌가 남아 있는 무색계 4천을 합해 모두 28천(또는 26천이나 27천)의 천상세계가 펼쳐진다. 이처럼 천상에 살고 있는 모든 중생을 천인이라는 말로 표현한다. 그러므로 천이란 천부중(天部衆)을 통틀어 일컫는 말이다.

석굴암에는 오른손에 금강저를 들고 왼손은 허리에 대고 머리에 보관을 쓴 모습으로 천인을 표현하였다. 하늘의 각종 귀신을 비롯하여 산신 · 용왕 · 칠성 등도 천상계의 천인으로 알려져 있다.

산신각에는 호랑이와 노인의 모습으로 묘사한 산신상이나 탱화를 모시고 있다. 산신각은 불전과 별개로 사찰의 가장 높은 곳에 위치하고 있다. 산지가람에서는 산을 지키는 수호신을 모신 산신각을 반드시 마련하고 있다.

용왕은 수중 중생의 왕으로, 입가에 특이한 흰 수염이 있다. 바다가 인접한 사찰은 대부분 산신 대신 용왕을 모시고 있다. 칠성은 주로 칠성각에 모시거나 산신과 함께 모시는 경우가 많다. 칠성은 수명을 관장하는 천인으로 알려져 있고 약사여래의 권속으로 탱화에 표시된다. 우리나라에서 많이 알려져 있는 선녀, 신선, 각

1. 용왕(용)
2. 산신(호랑이)

천상의 대장군도 천상의 중생에 속한다.

이상과 같은 산신 · 칠성 · 용왕처럼 잘 알려진 천인들 외에도 수많은 천상세계의 천인들이 있다. 천상 28천의 중생들은 각기 그 수행의 정도에 따라 다른 천상의 세계에 살고 있는데 수행을 많이 해 상위의 천상으로 태어날 조건이 되면 화생한다고 한다. 불교에서 천상세계는 모든 것이 완성되어 지극한 행복만이 있는 곳이 아니고, 이곳 또한 수행 과정에 있는 중생들이 살고 있는 곳임을 나타낸다.

팔부중 세계

천룡 8부중을 줄여서 8부중이라 한다. 불법을 지키는 8종의 신으로 천 · 용 · 야차 · 아수라 · 건달바 · 긴나라 · 가루라 · 마후라가를 말한다.

천

천상 또는 천계를 뜻한다. 모두 28천의 천상세계에 있는 무리를 일컫는 말로, 통틀어 천부중이라 한다. 보통 오른손에 금강저를 들고 왼손은 허리에 대고 머리에 보관을 쓴 모습으로 표현된다. 우리나라에서 경주 승복사지 동 3층석탑에서 볼 수 있다. 또 오른손에 검을 든 모습은 석굴암과 양양 선림사지 3층석탑에서 나타나고 있다.

용(수중의 왕)

본래 인도에 사는 용족들이 뱀을 숭배하는 신화에서 비롯되었다. 용은 사람의 얼굴과 형체로 갓 위에 용의 모양을 나타내고 신통력이 있어 구름과 비를 관장한다. 또한 용은 불교에서는 물과 관계된 중생 중에서 가장 신령스런 존재로 인식되고 있다.

야차(식인귀)

사람을 잡아먹는 포악한 귀신이었는데 불교에 귀의하여 나찰 등과 함께 사천왕의 하나인 북쪽 다문천왕의 권속이 되었다. 다문천왕의 권속 귀신을 통틀어 일컫는 말이다.

야차의 형상은 사자 · 코끼리 · 호랑이 · 사슴 · 말 · 소 · 낙타 · 양의 모습, 또는 큰 머리에 몸은 마르고 작거나 머리 하나에 얼굴이 두 개, 세 개 또는 네 개인 모습이다. 때로는 거친 사자의 털을 가진 모습으로 표현되기도 한다.

송곳니가 거친 입술 사이로 내려오는 등 이상한 모습으로 세상에 두려움을 주는 존재이다. 방패와 창, 삼지창과 검을 들고 있고, 때로는 철퇴와 검, 막대기를 들고 크게 울부짖어 공포감을 주며 힘으로 땅을 움직이기도 한다.

아수라(전투신)

아수라는 원래 싸움의 신으로서 도리천에 있는 제석천에게 매번 도전하였다가 결국 부처님께 감화되어 귀의하여 불법을 지키는 신이다. 얼굴은 셋, 손과 팔은 여섯 개로 표현된다. 전투 경험이 많은 중생이므로 탱화에서는 잡귀를 무찌르는 수호신장으로 많이 표현된다. 아수라는 아수라 세계의 많은 귀신을 통틀어 일컫는 말이다.

건달바(음악신)

식향(食香) · 향음(香陰) · 심향(尋香) · 심향행(尋香行)

등으로 한역되며 두 가지 의미를 지니고 있다.

첫째는 긴나라와 함께 제석천의 음악을 담당하는 신이며, 고기와 술을 먹지 않고 향만을 먹는다. 항상 부처님이 설법하는 자리에 나타나 정법을 찬탄하고 불교를 수호한다. 인도에서는 음악을 직업으로 하는 사람을 가리키는 말이었다.

둘째는 사람이 죽은 뒤 다른 몸을 받기 전인 영혼신(靈魂身), 곧 중음신(中陰身)·중유(中有) 등으로 한역한다. 태어날 다른 곳을 냄새로 찾아다닌다고 하여 심향행이라고도 불린다. 모두 사자의 갈기와 같은 관을 쓰고 있다.

석굴암의 8부중, 경주 남산의 동서 3층석탑, 국립박물관에 소장된 8부중의 석재, 경주박물관 소장 8부중에서 볼 수 있다. 흔히 우리가 사용하는 건달패라는 용어는 여기에서 유래된 것으로 아무 일도 하지 않고 빈둥빈둥 노는 사람, 또는 불량배 집단을 일컫는다.

긴나라(춤의 신)

인비인(人非人)·의인(疑人)·의신(疑神)·가신(歌神)·가락신(歌樂神)·음악신(音樂神) 등으로 한역된다. 사람이면서 사람이 아닌 모습으로 표현된다. 제석천 또는 다문천의 악사로서 건달바와 함께 음악을 연주하는 역할을 맡고 있다. 사람인지 짐승인지 모습이 일정하지 않고, 노래하고 춤추는 괴물로서 우리나라에서는 대체로 겉모습이 도깨비와 비슷한 중생으로 생각되고 있다.

형상은 머리는 사람, 몸은 새, 또는 말의 머리에 사람으로 나타난다. 수컷은 말의 머리에 사람의 몸을 가진 신[馬頭人身]으로서 노래를 잘한다. 암컷은 단정하여 춤을 잘 춘다고 하며 말의 머리에 사람의 몸으로 바릿대와 북을 두드리는 모습으로 묘사된다. 사람에 가까우나 머리에 뿔이 하나 있다. 때로는 눈이 세 개, 뿔은 하나가 있는 모습으로 나타나기도 한다.

경주 승복사지 동 3층석탑에는 양손을 합장하고 머리의 좌우에 소와 새의 머리가 표현된 모습으로, 석굴암에는 왼손에 창을 들고 오른손에 지물을 든 모습으로 나타나 있다. 양양 선림사지 3층석탑에서처럼 몸은 새이고 머리는 소로 표현한 경우도 있다.

가루라(용을 잡아먹는 새)

금시조(金翅鳥) · 묘시조(妙翅鳥) · 식토비고성(食吐悲苦聲) 등으로 한역된다. 천 · 용 · 아수라와 함께 부처님께서 설법하는 자리에 참석하여 불법을 수호하는 중생이다. 인도에서는 용을 잡아먹는 새였다.

형상은 머리에 화관을 쓰고 얼굴은 천신과 같고 입은 독수리의 부리와 비슷하며, 오른손에는 머리가 아홉 개이고 발이 네 개인 용, 왼손에는 머리가 셋이고 발이 네 개인 용을 움켜잡은 채로 결가부좌한 모습을 하고 있다.

조형으로 나타날 때도 보통 머리에는 뱀 모양의 관을 쓰고 한 손에는 뱀 꼬리, 다른 손에는 칼을 든 모습으로 표현된다.

마후라가(뱀신)

대흉복행(大胸腹行)으로 한역된다. 불룩 나온 큰 배와 가슴으로 기어간다고 하며 뱀을 신격화한 것이다. 용의 무리에 딸린 음악신(音樂神)이다. 몸은 사람이고 머리는 뱀이며 왼손으로 뱀을 잡고 오른손은 앞가슴에 대고 머리에는 뱀이 그려져 있는 관을 쓴 모습이다.

욕계 6천의 이해

사천왕천

사천왕이 있는 곳을 말한다. 사천왕은 희 · 노 · 애 · 락의 감정을 주재하고, 각 귀신들은 희 · 노 · 애 · 락에 허덕이고 있는 곳이다.

33천

도리천(忉利天)이라고도 한다. 수미산 정상에 위치해 있다. 중앙에는 선견성이 있고 성안에 제석천이 있으며, 사방에 각각 여덟 개의 성이 있다. 부처님이 일찍이 하늘에 올라가서 어머니 마야부인을 위해 석 달 동안 설법하였던 바로 그곳이다.

야마천

시간에 따라 쾌락을 받으며 시분천(時分天)이라고도 한다.

도솔천

안팎의 2원이 있다. 외원은 천중의 욕락처이고 내원은 미륵보살의 정토이다. 미륵은 여기에 있으면서 남섬부주에 하생하여 성불할 때를 기다리고 있다. 이 하늘은 마음이 잠기지도 들뜨지도 않으면서 다섯 가지 욕락에 만족한 마음을 내고 있다.

낙변화천

화락천(化樂天)이라고도 한다. 자기의 대상을 변화시켜 오락의 경계로 삼기에 이렇게 부른다. 서로 마주 보고 웃기만 하여도 성교의 목적이 이루어지고 아이는 남녀의 무릎에서 화생하고 그 크기는 인간의 12세쯤 되는 아이 정도 된다.

타화자재천

욕계의 왕인 마왕이 있는 곳이다. 이 하늘은 남이 나타내는 즐거움을 자유로이 자기의 쾌락으로 삼기에 타화자재천이라 한다. 이 하늘의 남녀는 서로 마주 보는 것만으로 음행이 만족되고, 아들을 낳으려는 생각만 하면 아들이 무릎 위에 나타난다.

색계 18천의 이해

초선천

색계 4선천 가운데 첫 번째로 이곳은 초선정을 닦은 이가 태어나는 천상세계이다. 범중천(대범왕이 거느리는 천신들이 머무는 곳)·범보천(대범천왕을 보좌하는 신하들이 머무는 곳)·대범천(대범천왕이 머무는 곳)의 3천이 머무는 곳이다.

이선천

색계 4선천 가운데 두 번째로 제2선정을 닦은 이가 태어나는 천상세계이다. 소광천(약간의 광명을 내는 곳)·무량광천(헤아릴 수 없이 많은 광명을 내는 곳)·광음천(입으로 광명을 내어 말의 작용을 내는 곳)의 3천이 머무는 곳이다.

삼선천

색계 4선천 가운데 세 번째로 제3선정을 닦은 이가 태어나는 천상세계이다. 소정천(약간 청정한 곳)·무량정천(아주 청정한 곳)·변정천(두루 청정한 곳)의 3천이 머무는 곳이다.

사선천

색계 4선천 가운데 네 번째로 제4선정을 닦은 이가 태어나는 천상세계이다.

무운천(구름 위의 구름 없는 곳) · 복생천(뛰어난 복덕의 힘으로 태어나는 곳) · 광과천(범부가 사는 천상세계 중에 가장 좋은 곳) · 무상천(모든 삿된 생각을 떠난 곳) · 무번천(욕계의 괴로움과 색계의 즐거움을 모두 벗어나 몸과 마음을 번거롭게 하는 것이 없는 곳) · 무열천(마음과 대상이 걸림이 없이 맑고 자재하여 불타는 번뇌가 없는 곳) · 선현천(아주 오묘한 과보가 나타나는 곳) · 선견천(걸림이 없어 시방을 보는 것이 자유자재한 곳) · 색구경천(색계천의 마지막 천으로 색계와 욕계를 지배하는 하느님인 대범천왕이 머무는 곳)의 9천이 머무는 곳이다.

특히 무번천 · 무열천 · 선현천 · 선견천 · 색구경천의 5천을 정거천(淨居天)이라 하는데 이곳은 성문의 제3과인 불환과(不還果)를 얻은 성인이 태어나는 곳이다.

무색계 4천

공무변처

4무색계천의 첫 번째 천. 공무변처천을 가리킨다. 욕계와 색계의 모든 물질적 형태로부터 벗어나 선정을 가로막는 모든 생각이 없어 허공이 가없다는 이치를 알고 수행하여 태어나는 곳이다.

식무변처

4무색계천의 두 번째 천. 식무변처천을 가리킨다. 색계와 욕계의 모든 욕망을 떠나고 공무변처를 넘어서 마음이 고정되어 움직이지 아니하고 식이 고스란히 나타나 청정하고 적정한 과보가 있어 정신적으로 사는 곳이다.

무소유처

4무색계의 세 번째 천. 무소유처천을 가리킨다. 식무변처를 넘어서 일체가 무소유임을 알고 그 수행의 힘으로 태어나는 곳이다.

비상비비상처

4무색계의 마지막 천. 비상비비상처천을 가리킨다. 3계 가운데 가장 높은 천계이다. 그 하위의 천계와 같은 거친 생각이 없으므로 생각을 떠난 것도 아니다. 그렇다고 미세한 생각이 없는 것이 아니므로 생각이 없다는 것을 떠난 것도 아닌 세계이다. 형이상학적 존재이므로 따로 국토가 있는 것이 아니다. 따라서 불교 밖의 인도사상에서는 진실한 열반처(眞涅槃處)라고 한다. 하지만 불교에서는 생각을 떠난 곳이 아니므로 나고 죽는 것을 반복하는 윤회의 세계이라고 본다. 『법화문구』에서는 인간계와 마찬가지로 여덟 가지 고통이 있다고 한다.

깨달음의 세계

삼승의 세계

성문

원래 음성을 듣는 사람이란 뜻으로 부처님의 말씀을 듣고 깨달은 사람, 곧 부처님의 제자를 말한다. 후대에 들어 부처님의 제자로 한정하지 않고 부처님의 교법(특히 사성제)에 따라 수행하면서 아라한이 되기를 이상으로 하는 출가수행자로, 나반존자와 10대 제자를 비롯하여 1,200 아라한 등 부처님의 제자를 말한다.

연각

벽지불(僻支佛)이라고 번역한다. 부처님의 교화에 의하지 않고 12인연의 이치를 깨달아 자유로운 경지에 도달한 성자로 독각(獨覺)이라고도 한다. 불교문화 자료에서는 연각으로 대표되는 사례가 잘 보이지 않으나, 초기 불교 당시 깨달은 성자들을 일컫는다.

보살

보리살타(菩提薩陀) · 보리삭다(菩提索多) · 부살(扶薩) 등으로 음사되고, 도중생(道衆生) · 각유정(覺有情) · 도심중생(道心衆生) 등으로 번역한다. 보살은 위없는 깨달음의 지혜를 얻고자 노력하면서 중생을 제도하고자 서원을 세우고 6바라밀행을 닦아 불타의 깨달음을 얻고자 하는 존재이다.

이처럼 보살은 깨달음의 지혜를 구하는 유정이란 뜻이지만 더 넓은 의미로는 보리(깨달음의 추구)와 살타(중생의 제도)라는 자신의 이익[自利]뿐만 아니고 다른 사람도 이롭게 하는 존재[利他衆生]이다. 특히 깨달음을 얻으려는 용맹스러운 큰 마음을 지니고 있어 위없는 깨달음의 지혜를 구하는 대승의 수행자를 마하살 · 보살마하살 · 보리살타마하살타 등이라 한다.

보살은 재가와 출가, 퇴전과 불퇴전, 생신(生身: 번뇌를 끊지 않은 자)과 법신(번뇌를 끊어서 육신통을 얻은 자), 대력과 초발심 보살 등 이원적으로 나누어 구분하기도 한다.

또 깨달아 아는 경지의 깊고 얕음에 따라 52단계로 구분하기도 한다. 한편 보살은 성불하기 위해 수행에 힘쓰는 재가와 출가 수행자를 통틀어 일컫는 말로 사홍서원을 내고 6바라밀을 실천하며 자신의 깨달음을 얻는 것뿐만 아니고 중생이 보살의 길을 걷도록 큰 자비심을 가지고 교화하는 데 진력하는 등 대승의 길을 걷는 자를 일컫는다.

보살과 부처님은 존상이나 탱화에서 머리에 보관을 쓰고 있느냐 그렇지 않느냐에 따라 구분한다. 대체로 보살은 보관을 쓰고 있지만 지장보살만은 스님처럼 머리를 깎은 모양을 하고 있다. 부처님은 머리를 꼬아서 말아 놓은 나발형태로 조형되어 있다.

보살에는 석가모니불의 보처보살인 문수 · 보현을 비롯하여 아미타불의 보처보살인 관음 · 대세지 · 지장보살 등이 있다. 또 약사여래불의 보처보살인 일광 · 월광이 있고, 미륵보살처럼 도솔천에서 중생을 교화하면서 앞으로 사바세계에 하생하여 성불하기를 기다리고 있는 보살도 있다.

뿐만 아니라 용수 · 무착 · 세친 등과 같은 역사적인 인물도 보살로 부르기도 한다. 중국과 일본 등에서는 고승에게 조정에서 보살의 호를 내리는 경우가 있었지만 오늘날 한국에서는 여자 신도를 높여서 보살이라고 호칭하고 남자 신도는 처사 또는 거사라고 불러 남자 신도와 여자 신도를 구별하는 용어로 쓰이기도 한다.

부처님의 세계

미망에서 벗어나 모든 법의 진리를 깨닫고[自覺] 또 다른 중생을 교화하여 깨닫게 하는[覺他] 두 가지 실천행을 원만히 성취한 이를 말한다. 석가모니불을 비롯하여 동방 약사여래불, 서방극락정토 아미타불, 미래불인 미륵불, 법신불인 비로자나불 등이 있고 그 밖에도 많은 부처님이 계신다.

비로자나불

비로자나불은 불법의 당체를 상징하는 형상으로 표현된 부처님이다. 모습은 오른손으로 왼쪽 둘째 손가락을 감싸고 있는 수인을 취하고 있다. 이것은 중생을 감싸는 형상을 상징적으로 보여 주는 것이다.

비로자나불은 주로 통일신라 때에 선종이 융성하면서 많이 조성되었다. 조형 양식은 예술적 미감을 크게 문제 삼지 않아 좀 투박해 보인다. 재료는 주로 철로 만들어졌다.

철원 도피안사 비로자나불
비로자나불은 지권인을 취하고 있다. 전체적으로 균형감은 많이 떨어진다. 여타 다른 불상들처럼 인자하고 온후한 느낌이 약하다. 철을 소재로 하는 경우에는 특히 이처럼 조성미가 많이 떨어진다. 주로 선종이 강한 곳에서는 불상을 모시고 신앙의 대상으로 하지 않는 경우가 많았는데, 비로자나불을 본존불로 조성하면서 그 외형적 완성도에 무게를 싣지 않고 있는 배경에 연유한다.

선종에서는 불상의 외형적 형식을 중요시하지 않았을 뿐만 아니고 심한 경우에는 불상에 참배하는 것도 중요하게 생각하지 않았다. 불상의 외형에 기대어 복을 구하려 하기보다 스스로 부처가 되기를 염원하였으므로 법을 상징하는 비로자나불을 조성하는 것은 당연한 일인지도 모른다.

비로자나불을 모신 전각은 비로전 · 대적광전 등으로 부르는데 보통 석가모니불이 계신 대웅전 뒤쪽에 위치해 있다. 비로자나불의 좌우 보처불로는 약사여래불 · 아미타불을 모시고, 보처보살로는 문수 · 보현보살이 있다.

금산사 대적광전에는 중앙의 비로자나불과 좌우에 약사여래불과 아미타불이 계시고, 각 부처님의 좌우에는 문수 · 보현 · 관음 등 각 보처보살이 모셔져 장엄한 불 · 보살의 위용을 보여 주고 있다.

보현보살(좌)
석가모니불(중앙)
문수보살(우)

석가모니불

사바세계의 남섬부주에 사는 중생을 구제하기 위해 이 땅에 오신 부처님을 말한다.

불교의 교주이며 "삼계의 모든 중생을 이끄는 스승이며, 사생의 자애로운 아버지며 모든 불자의 스승"이라고 예불문에 표현된 부처님이다.

인도의 왕자 신분으로 권력과 온갖 영화를 누릴 수 있었지만 안락한 물질생활을 거부하고 생사의 근원문제를 해결하고자 수도자 생활에 들어갔다. 6년 동안 설산에서 고행을 통해 뼈만 남았던 수행자 싯다르타는 드디어 보리수 아래서 모든 악마의 항복을 받고 연기법을 깨달아 부처가 되었다.

석가모니 부처님은 깨달음을 얻은 뒤 수많은 복전이 있고 여러 곳에 정사가 마련되어 쉴 곳이 있었지만 길에서 길로 다니며 중생을 구제하고 불법을 전하고자 노력하다 길에서 열반에 든 분이다.

석가모니 부처님은 열반에 들면서 "육신은 허망하여

석가모니불 고행상
설산에서 고행할 때의 모습을 조성한 것이다. 우리나라의 경우에는 인자하고 자비로운 모습의 불상을 많이 조성하였는데, 이러한 고행상은 최근세에 동남아에서 도입되고 있다. 개인 수행을 목적을 하는 동남아 불교에서 교주의 이러한 수행 모습이 더욱더 필요한 것인지도 모른다.

믿을 수 없으니 나의 모습에 의존하지 말고 법에 의지하라"고 하였다. 이것은 언어로 표현된 것이라든지 형상들이 부처가 아니요 연기법이 부처라는 것을 설파한 것이다.

"와서 보고 행하라. 그러면 누구나 다 부처가 될 수 있다"고 하면서 석가모니 부처님은 스스로 법을 가르치는 길잡이요 안내자라고 말할 뿐 권위를 내세우지 않았다.

그런데도 후대 사람들이 석가모니 부처님의 존상을 모시고 절을 하는 것은 절대자에 대한 기도라기보다는 존경하는 스승에 대한 예의를 표하는 것이고 나 또한 부처님과 같이 노력하겠다는 의지를 나타내는 것이다.

약사여래

동방약사여래불 · 동방유리광불 등으로도 불린다. 전각의 명칭은 보광전 · 약사전이라 한다. 질병과 고통, 그리고 환란에 처한 중생을 구제하는 부처님이다. 특히 석가모니불이나 비로자나불이 주존불일 때 왼쪽, 곧 동쪽 방향에 위치한 분이 약사여래이다. 만일 약병이나 약합을 들고 있지 않고 오른쪽에 위치한 아미타불과 비슷한 수인을 맺고 있더라도 약사여래임을 알아야 한다.

약사여래불의 탱화에는 일광과 월광보살이 각각 해와 달을 정수리에 얹고 있는 것을 볼 수 있다. 특히 수명을 관장하는 칠성이 함께 그려져 있음을 볼 수 있다.

약사여래는 신라 초기 사찰인 분황사에 모셔져 있는

약사탱화

데서 알 수 있듯이 약사여래신앙은 신라불교의 도입 초기부터 있었던 것 같다. 나중에는 통일전쟁 와중에서 끝없는 환란과 질병을 해결해 줄 부처님으로 인식되어 약사여래신앙이 유행하였다.

대구 동화사 갓바위 부처님은 약사여래인데 그 부처님은 질병만 고쳐 주는 데 그치지 않고 어느 하나를 소원하여 기도하면 그 소원을 이루어 준다 해서 많은 사람이 참배하고 있다. 특히 입시철이 다가오면 갓바위의 약사여래를 참배하는 사람은 절정에 이른다. 갓바위 부처님은 여느 약사여래와 마찬가지로 손에 약합을 들고 있는 모습을 하고 있다.

아미타불

무량불 · 무량수불 등으로 불린다. 전각의 명칭은 미타전 · 무량수전 · 수불전 · 극락전 · 극락보전 등으로 표현되기도 한다. 서방에 극락이라는 세상을 만들어 놓고 모든 중생이 일념으로 아미타불을 부르면 극락국토에 가서 태어나 현생에 부처를 이룬다고 한다.

대구 동화사 약사여래불
동화사 뒤쪽의 갓바위 부처님이 약사여래불이다. 갓바위 부처님께 수많은 사람들이 참배하므로 동화사에는 약사여래 도량임을 확인하는 거대 약사여래불을 조성하였다. 입석상으로 조성하였는데 왼쪽 손에는 약함을 들고 있다. 약사여래불 주위로 불교 신앙의 모든 보살상과 신장상 등을 조성해 놓았는데 그 예술성이 아주 뛰어나다. 갓바위 부처님께 참배하시는 분들은 내려오는 길에 동화사 약사여래불께 다시 한 번 참배해볼 것을 권유한다.

신라 원효 스님은 일심으로 나무아미타불만 부르면 성불할 수 있다는 것을 『아미타경』에서 발견하고, 어려운 불교를 설명하여 가르치기보다는 모든 사람들이 쉽게 성불할 수 있도록 나무아미타불을 부르게 하였다.

그래서 『삼국유사』에 따르면 당시 신라의 수도인 서라벌(경주) 안에는 나무아미타불을 염하는 소리가 장안에 가득하였다고 전한다. 나무아미타불이라는 말은 '아미타불에게 귀의합니다'라는 뜻이다.

아미타불의 수인은 대체로 엄지를 검지나 중지와 맞닿게 하여 오른손은 들고 있고 왼손은 단전에 대고 있는 모습을 하고 있다.

우리나라 대부분의 불상에서 볼 수 있는 수인은 아미타불처럼 두 손 모두 엄지와 중지를 맞닿게 하여 원을 그리고, 한 손은 아래로 내리고 다른 한 손은 위로 올린 모습을 취하고 있다.

1. 아미타불
2. 영주 부석사 무량수전 내의 아미타불

이것은 중생을 아홉 단계로 나눈 것 가운데서 중품중생의 단계에 있는 중생에게 설법하고 있는 모습을 표현한 것이다.

극락세계는 모두 아홉 개의 세계, 곧 먼저 상 · 중 · 하 세 단계로 구분하여 가장 낮은 단계는 이성이 왔다 갔다 하는 혼란에 빠져 있는 중생이다. 중간 단계는 이성이 있는 존재로서 말로 표현하면 이해할 수 있는 중생 단계이다. 상위 단계는 말이 필요 없이 약간의 행동만 취해도 알아들을 수 있고 깨닫는 단계에 있는 중생세계이다. 이러한 세 단계의 세계는 각 단계마다 다시 세 단계로 나뉘어진다.

그래서 모두 아홉 개의 세계, 곧 하품하생 · 하품중생 · 하품상생의 하품세계, 중품하생 · 중품중생 · 중품상생의 중품세계, 그리고 상품하생 · 상품중생 · 상품상생의 상품세계가 있다. 영주 부석사에는 극락세계의 구품세계를 표현하듯 석축을 크게 세 개로 나누고 다시 각 석축마다 작은 석축을 세 개씩 만들어 놓았다.

신라가 삼국을 통일한 뒤 아미타불이 주존불로 많이

모셔졌다. 이것은 우리나라 사찰에서 볼 수 있는 불상의 한 특징이다. 또 오늘날 우리나라에서는 죽어서 가는 세계가 극락세계로 인식되어 죽은 영가가 극락세계에 가서 태어날 수 있도록 나무아미타불을 많이 염송하고 있다.

미륵불

미륵불은 미래에 도래할 부처님이다. 불교의 메시아이며, 미래에 대한 희망의 부처님이다. 도솔천에서 미륵보살로 중생을 교화하고 있다가 국토의 조건이 마련되면 하생한다.

안동 제비원 미륵

미륵불은 장래에 도래할 부처님이므로 지금도 사바세계로 오고 있음을 상징하여 앉아 있지 않고 서 있는 모습으로 많이 조성된다. 전각 안에는 석가모니불이 앉아 있으므로 아직 미륵의 세상이 아닌 현실의 전각에서 미륵불은 앉아 있을 수 없다고 생각하였다.

특히 미륵은 삼존불로 조성된다. 이것은 미륵불이 이 땅에 내려와 세 번의 설법으로 모든 중생을 성불하게 한다는 『미륵하생경』에 근거해 미륵불이 이 땅에 내려왔음을 상징하여 삼존불로 모신다. 이러한 미륵삼존불의 조형형태는 백제 무왕이 창건했던 미륵사에서 시작되었다.

신라가 삼국을 통일한 뒤 진표율사에 의한 삼존불의 조성사상은 다시 미륵불의 지역을 세 곳으로 확대하여

화순 운주사 미륵불
천 불 천 탑이 완성되면 세상이 바뀐다는 예언에 따라 천 불 천 탑을 세우려 했다는 운주사의 미륵 불상이다. 그 많은 불상 중에서도 특히 미륵불상이 거의 대부분인 것이 특이한 점이라 할 것이다. 미륵불상은 특별히 세밀하게 조성한 것도 아니며 몇 번의 조각으로 투박하게 조성하였다. 이러한 투박한 형식, 간단한 조각 형식 등의 입석 미륵상 형식이 조선시대까지 민간에서 미륵상을 조성하는 형식으로 전해져 오고 있는 것 같다. 불상을 조성하는 방법을 엄격하게 규정해 놓은 경전을 돌아보면 실로 파격적인 조성 수법이지만, 민중적인 수법으로 널리 퍼질 수 있는 것이라 본다.

절을 창건하게 만들었다. 곧 김제 금산사, 보은 속리산 법주사, 금강산 발연사 등에 미륵부처님을 봉안하는 대사찰을 건립하게 된 데에는 이러한 배경이 있었다.

고려시대 미륵불은 국가의 비호 아래 대대적으로 조성되었고 그 규모도 거대하였다. 논산 관촉사 미륵불, 안동 제비원 미륵불, 안성 대평미륵, 중원 미륵사 미륵불 등이 고려시대에 만들어진 것들이다.

그 뒤 조선시대에 들어와 불교가 박해를 받으면서 많은 불상이 유생들에 의해 파괴되었다. 하지만 파괴된 불상을 복원하여 미륵불로 신봉하였고 새로운 불상을 조성할 때면 거의 미륵불이었다. 미륵은 조선 시대에 민간신앙으로 깊이 신봉되면서 마을을 지키는 수신 역할에서 가정을 지키는 수호령으로 모셔졌다. 특히 아들을 낳고자 하는 여인들에게 절대적인 부처님으로 신앙되었다.

최근에 법주사에서는 시멘트로 만든 미륵불을 대신해 청동미륵대불이 조형되어 장엄한 위용을 드러내 보였다. 또 각 절마다 미륵불을 새로이 조형하여 모시려

안성 마을 미륵

마을을 수호하던 역할을 해주던 미륵 불상이었는데 언제부터인가 마을에서 모시지 않게 되면서 방치되어 있다가 마을에 변고가 잦자 마을 사람들이 풍물을 통해 걸립하여 마을제를 지내면서 마을 미륵으로 다시 모셔지고 있다. 이처럼 사찰에서 관리하는 불상이 아니라 마을 자체에서 모시는 마을 미륵과 집안 내의 미륵 등 우리 생활 주변에 미륵 불상은 항상 가까이 있었다. 우리의 어머니들이 머리에 떡을 이고 가서 아들 낳기를 빌고 집안에 변고가 있으면 평안하기를 염원했던 민중 속의 불교 신앙 대상이었던 것이다.

는 현상도 우리나라의 뿌리 깊은 미륵신앙을 대변하고 있는 결과라 할 수 있다.

김제 금산사 미륵전 안에는 주존불로 미륵불과 함께 보처보살을 입시해 놓은 거대한 금동미륵불을 모시고 있다. 법주사의 청동미륵대불은 건물 밖에 한 분의 미륵불만 조성해 놓았다.

3부

부처님의 숨결과 마음이 깃든 공간

부처님의 마음이 깃든 공간
-탑과 석등

사찰에서 불이문을 지나 맨 먼저 만나는 석조물로는 탑이 있다. 때로는 사찰에 따라 위치가 틀리게 봉안되어 있는 경우가 있지만 백제 미륵사지 탑의 위치와 신라 황룡사탑의 흔적을 근거로 보면 탑이 있고 그 가운데 석등의 자리가 있으며 그 뒤에 불전이 배치되는 구조이다. 그러므로 탑의 위치는 불전 앞쪽에 위치해야 한다. 그런데도 탑의 위치가 틀리게 나타나는 것은 후대에 들어 불전의 위치가 변화되었거나 탑의 위치가 바뀐 것으로 보인다.

그렇다면 탑은 과연 무슨 의미를 지니고 있고, 왜 불전 앞에 조성하는지 자세히 알아보기로 하자.

탑은 어떻게 해서 만들어졌는가

탑은 석가모니의 진신사리를 봉안하기 위한 축조물로 '탑파(塔婆)'의 줄임말이다. 탑파는 인도에서 발생한 것으로 스투파라고 한다. 스투파는 고대 인도어인 산스크리트어(Sanskrit, 梵語) stūpa의 소리를 한문으로 표기한 것이다.

탑파는 팔리어(Pāli)의 투파(thūpa)를 한문으로 표기한 것으로, 이것의 준말로 탑이 되었다. 스투파는 신골(身骨)을 담고 흙과 돌을 쌓아 올린 부처님의 신골(身骨, 眞身舍利)을 봉안하는 묘(墓)라는 의미를 가지고 있다. 다시 말하면 탑파란 석가모니의 사리를 봉안하기 위한 축조물에서 비롯되었다.

그런데 나중에는 부처님의 사리뿐만 아니고 부처님의 말씀인 불경을 비롯하여 부처님과 관계되는 물건이 부장되어 있는 조형물을 뜻하게 되었다. 그러므로 탑은 부처님의 진짜 육신이 있는 곳 또는 부처님의 말씀인 경전이 있는 곳으로, 부처님이 머물고 계심을 뜻하는 조형물이다.

열반 당시 부처님이 당신의 장례에 대해 "다비를 마친 뒤에 사리를 거두어라. 그리고 네거리에 탑을 세워 사리를 그 속에 봉안하고 탑의 표면에는 비단을 걸어 길을 가는 모든 사람들이 부처님의 탑을 볼 수 있게 하여라. 살아서는 여래법왕의 도와 교화를 사모하여 삶의 행복을 얻을 수 있게 하고 죽어서는 천상에 태어날 수 있도록…."라고 말씀하셨다.

이렇듯 탑은 법왕의 도를 사모하는 중생이 돌아가는 곳이고 불교 신앙의 핵심으로서의 의미를 지녔다. 그러므로 탑은 부처님 제자들이 부처님을 예배하는 대상물이었고 또 수행하는 도량의 기능도 가지고 있다.

석가모니 부처님이 쿠시나가라(Kusinagara)의 사라쌍수(沙羅雙樹) 아래에서 열반한 뒤 당시 사회의 풍속에 따라 부처님의 제자들은 유해를 다비(茶毘, 火葬)하

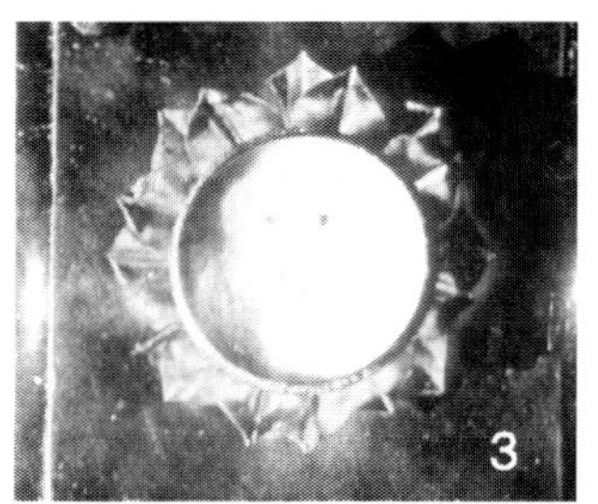

1. 경주 감은사지 석탑
2. 경주 황룡사 목탑 모형
3. 불사리

석탑의 최초 형태(통도사)
통도사 진신 사리탑은 석조로 만들어졌으므로 석탑이다. 이러한 석탑 양식은 인도의 산치탑의 양식과 연결된다. 그런데 이러한 사리탑은 적멸보궁으로 모셔지기 때문에 석탑으로 조성되어 사용되었고, 한국의 탑은 누각형 목재 건축물 양식으로 변화되었다. 그러나 필자에게 한국 석탑의 시원을 들라하면 통도사 사리탑을 대표적으로 거론하겠다. 왜냐하면 자장율사가 이 탑을 조성할 당시 분황사 모전탑과 황룡사 구층 목탑 외에 이전의 탑에 대한 기록이 없다면 한국에서 석탑으로는 이 탑이 최초 형태로 보이기 때문이다.

였다.

당시 장례를 집행한 말라족 사람들은 부처님 사리를 거두어 집회장에 모셨다. 뒤늦게 부처님의 열반 소식을 접한 여덟 나라에서 각각 사리를 받아 큰 탑을 세우겠다고 하였다.

그러나 말라족 사람들이 사리를 주지 않겠다고 거부하자 마가다 국 아자타샤트루 왕과 바이샬리의 릿차비족 등은 사리를 차지하고자 쟁탈전을 벌였다. 이에 드로나라는 브라흐만의 중재로 사리를 똑같이 여덟 등분하여 분배하였다. 이를 '사리팔분(舍利八分)' 또는 '분사리(分舍利)'라 한다. 이때 사리가 분배된 여덟 나라는 다음과 같다.

① 마가다 국의 아자타샤트루 왕
② 바이샬리 성의 릿차비족
③ 카필라 국의 샤캬족(석가족)
④ 칼라칼파 국의 불라족

⑤ 라마그라마 국의 콜리족
⑥ 비슈누다파 국의 브라흐만들
⑦ 파파 국의 말라족
⑧ 쿠시나가라의 말라족

이상 여덟 나라는 분배받은 부처님의 사리를 모시고 각기 탑을 세웠다. 이를 근본 8탑이라 한다. 이 8탑이 세워진 곳은 카필라 국의 룸비니 동산 · 사라나트의 녹야원 · 사위성의 기원정사 · 파파 국의 곡녀성 · 마가다 국의 왕사성 · 바이샬리 · 쿠시나가라 등이다.

그런데 근본 8탑 이외에 사리 배분을 중재했던 드로나는 사리가 들어 있었던 병을 받아 병탑(甁塔)을 세웠고, 또한 뒤늦게 도착한 핍팔리바나의 모리야족은 남은 재로 회탑(灰塔)을 세웠다. 그래서 당시의 탑은 근본 8탑, 병탑 그리고 회탑을 합해 모두 근본 10탑이었다.

그러나 이 근본 10탑은 현재에는 존재하지 않는다. 후대 인도 마우리야 국 아쇼카 왕은 근본 8탑의 사리들을 다시 8만 4천 개로 나누어 전국에 널리 사리탑을 세웠다고 전한다. 아쇼카 왕이 죽은 뒤에 인도 전역의 여러 불탑이 파괴되면서 사리도 여러 곳으로 흩어져 분실되어 버렸다.

우리나라에서는 신라 초기에 자장율사가 당나라에서 돌아올 때 부처님의 정골사리를 가져와 경주 황룡사 · 양산 통도사 · 울산 태화사에 봉안하였는데 현재는 다섯 곳의 적멸보궁에 봉안되어 있다. 인도에서 불교의 쇠망과 더불어 현재까지 부처님의 진신사리가 중국이나 일본보다 우리나라에 많이 전해져 있는 점도 특이한 인연이라 하겠다.

탑 안에는 부처님의 진신사리가 봉안되는 것이 원칙이나 경우에 따라 사리 대신 『금강경』이나 『화엄경』 등의 경전을 탑 속에 넣어 모시는 경우도 있다. 이를 경탑(經塔)이라 부른다.

부처님의 말씀은 영원하여 변함이 없고 모든 사람의 앞길을 열어 주는 빛과 같은 것이므로 '법신사리'라 부른다. 따라서 대승불교가 발달하면서 경탑이 일반 사리탑을 대신하게 되었다. 한국 탑에는 작은 탑을 많이 만들어 봉안하였는데 그 안에는 부처님 사리보다 경전 등을 넣는 경우가 많다.

탑은 일반적으로 부처님이 열반한 뒤 불상보다 먼저 조성되기 시작하였다. 불상이 조성되기 전에 탑을 조성하여 경배의 대상으로 삼았으며, 이를 위해 부처님 진신사리와 유품 등을 함께 봉안하였다.

그러나 불상이 조성되면서 차츰 부처님 형상에 더욱 매달리게 되어 탑의 의미는 부처님 진신이 계신 곳으로 신성함과 현실감을 느끼게 하는 경배의 대상으로 바뀌어 갔다.

탑은 사찰의 흔적을 말해 준다. 특히 석탑은 유구한 세월에 걸쳐 전해오는 불교 신앙의 흔적을 추측할 수 있는 문화적 유물로서 그 의미가 더욱 커져 가고 있다. 그러나 탑돌이나 탑을 둘러싼 신앙은 점차 사라져 가고 있다.

어쨌든 탑은 성립 당시부터 바로 부처님 진신이 계신 곳을 상징하였다. 그래서 제자들은 탑을 수행 공간으로 활용하였다. 하지만 점차 일정한 거주 공간이 확보되고 불전이 조성되는 등 신앙의 공간이 확대되고 별도의 수행 공간이 더해지면서 오늘날 볼 수 있는 사찰 구조를 갖추게 되었다. 그러므로 사찰은 신앙과 수행의 공간이라는 본질적인 의미를 지니고 있다.

탑의 각 부분이 의미하는 것

인도는 날씨가 덥기 때문에 수행을 위한 건축물이 따로 있는 것은 아니었다. 물론 부처님 당시부터 죽림정사와 기원정사를 비롯하여 몇 군데 건축물이 있는 수행처가 있었다. 하지만 부처님부터 보리수 아래에서 수행하여 성불하였듯이 노천에 앉아 수행하면 그곳이 바로 수행처가 되었다. 그런데 일단 부처님의 진신을 모신 탑이 만들어지자 수행자들이 모여들어 수행하는 기준처가 되었으며, 점점 탑이 수행처의 중심처가 되었다.

그러나 탑을 세운 곳 가까이에 생활할 수 있는 건축물이 생겨나고 그 건축물이 수행하는 공간으로 활용되면서 탑의 기능은 점차 부처님 진신사리가 모셔져 있는 곳으로만 인식되어 수행하는 곳으로서의 기능은 사라졌다.

탑은 다만 경배의 대상으로 현실적 복을 비는 복전의 역할을 하게 된다. 곧 인도불교 초기 사찰에서의 탑은 종교적 기능을 담당하였지만 점차 금당이 중심이 되면서 탑은 경배와 복전의 대상으로만 간주되었고 탑이 없는 사찰도 생겨나게 되었다.

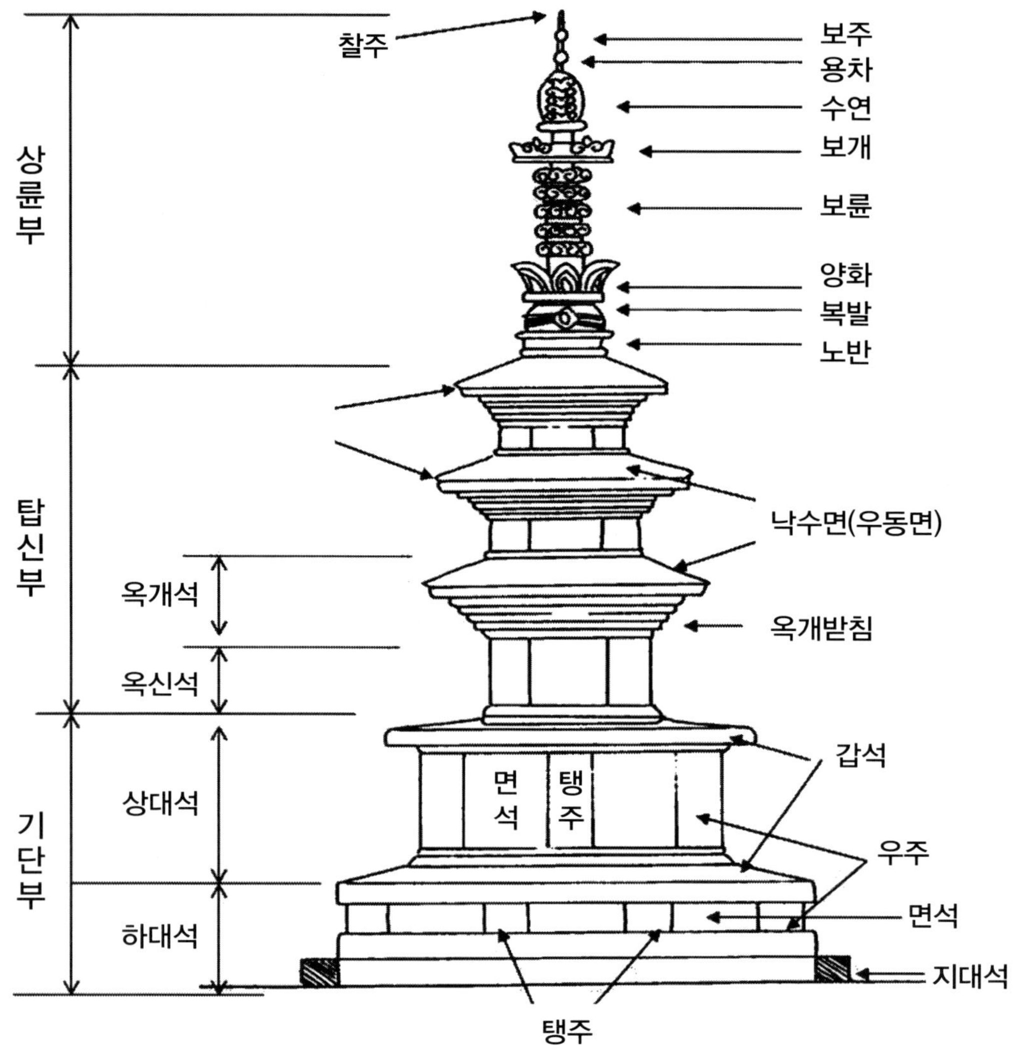

탑의 세부 명칭도

기단부

탑 맨 아래의 밑받침 부분이다. 제1층 옥개석을 기준으로 옥개석을 받치는 면석 아래쪽 부분 전체가 기단부에 해당된다. 기단부에는 기저부와 몇 개의 기단부로 이루어지기도 한다. 기단부을 받치는 기저부의 석재는 자연석을 이용하거나 또는 원형이나 팔각형으로 다듬은 석재를 놓는 경우도 있다.

옥개부

옥개부는 지붕석을 말한다. 이는 옥개받침 · 전각 · 우동으로 세분한다.

상륜부

① 옥개받침

지붕 돌의 받침 부분에 몇 개의 층계로 이루어진 부분을 말한다. 옥개받침의 정형성은 다섯 개에서 시작된다. 그러나 통일신라 말에서 고려 초기에는 받침석이 네 개로 줄어들고 고려 중기 이후에는 받침석이 삼단으로 변화된다.

② 전각

옥개석의 끝 모서리 부분이 살짝 들려 올라간 부분을 말한다. 백제 계통의 석탑은 아래와 위쪽이 같이 들려 올라간 형식이나 신라 계통의 석탑은 아래 면은 평행선이고 윗면만 위로 들려 있는 형식을 하고 있다.

③ 우동

빗물이 떨어지는 지붕 윗면, 곧 지붕 면을 말한다.

상륜부

탑의 위쪽에 해당하는 부분을 말한다. 노반 · 복발 · 앙화 · 보륜 · 보개 · 수연 · 용차 · 보주로 이루어져 있다.

① 노반

감로수 이슬을 받는 부분을 말한다.

② 복발

노반의 위쪽 부분을 말한다. 이는 바릿대를 거꾸로 엎어 놓은 모양으로 흙무덤을 상징하는 부분이다.

③ 앙화

복발 위에는 신성한 것을 올리기 위해 조성한 위로 받들어 올리는 형상의 꽃이 있는 부분을 말한다.

④ 보륜

앙화 위에 전륜성왕의 네 가지 덕을 상징하는 부분을 말한다.

⑤ 보개

보륜을 덮기 위한 덮개 부분을 말한다.

⑥ 수연

보개 위의 물안개를 상징하는 부분을 말한다.

⑦ 용차

수연을 올려놓고 용이 앉는 자리를 말한다.

⑧ 보주

용차 위에 용을 상징하는 여의주를 올려놓은 부분을 말한다.

탑에는 어떤 양식이 있는가

탑의 구조와 변천

인도 탑의 전형적인 구조는 기원전 3~1세기에 세워진 중인도의 산치 대탑에서 볼 수 있다. 산치 대탑은 아래에서부터 크게 기단부 · 복발 · 평두 · 산개의 네 부분으로 구성되어 있다. 초기 인도의 탑은 흙이나 벽돌을 사용하여 만들어졌다.

이러한 인도 탑의 양식은 중국으로 전래되면서 누각 형식이 가미되어 기단부 위에 누각을 짓고 누각의 지붕 위에 인도 탑 양식인 복발 · 평두 · 산개를 올리는 형식으로 변하였다.

중국에서는 탑의 재료로 벽돌과 나무를 많이 사용하였는데, 이러한 중국의 누각형 탑 양식은 우리나라에 전래될 때는 주로 목탑 양식이었다. 점차로 목재 건축 양식을 상징적으로 표현하여 석재나 벽돌로 탑을 만들게 되었다.

우리나라 탑의 재료는 주로 나무와 돌이다. 돌 가운데에서도 화강암을 특히 많이 사용하였다. 양식은 목재 건축물을 본뜬 양식이고 탑의 상륜부는 인도의 탑처럼 쌓아올린 형식이다. 이것을 실증적으로 잘 보여주는 목탑으로는 보은 속리산 법주사 팔상전이 있고, 석탑으로는 경주 불국사 석가탑을 들 수 있다.

동양 삼국 가운데 중국은 특히 전탑을 많이 세워 '전탑의 나라', 일본은 목탑을 많이 세웠으므로 '목탑의 나라', 우리나라는 돌탑을 많이 세웠으므로 '석탑의 나라'로 불린다. 왜 이와 같이 나라마다 각기 다른 재료로 탑을 세웠을까?

그것은 탑을 세운 곳의 자연 환경과 밀접한 관계가 있다. 중국의 넓은 평야와 진흙빛 땅은 전탑을 연상시킨다. 일본은 화산이 분출하여 생긴 나라이므로 그 흙이 벽돌을 만들기에 적합하지 않고, 돌은 석재로서 가치가 거의 없기 때문에 목탑이 발달할 수밖에 없었다.

우리나라는 전국 어디서나 풍부하고 질이 좋은 화강암을 쉽게 구할 수 있었기 때문에 돌탑이 많이 세워졌다. 물론 우리나라에도 목탑과 전탑이 전혀 없었던 것은 아니다. 중국으로부터 불교가 유입되었으므로 처음에는 중국처럼 목탑이, 그다음에는 중국의 전탑 유행과 함께 전탑 모양의 탑이 만들어지기도 하였다.

특히 목탑에는 그 안에 예배할 수 있는 공간을 조성하고 거기에 불상이나 부처님의 일대기를 탱화로 조성해 놓았다. 그러므로 수행과 예불을 할 수 있는, 실제로 활용할 수 있는 공간 역할을 한다. 그러나 석탑은 목탑 양식을 상징화한 것에 지나지 않으므로 탑에 들어가는 입구를 만들고 공간을 약간 두어 생활할 수 있는 공간임을 표현하고자 하지만, 형식에 지나지 않고 실제로 사용되는 공간은 아니다.

탑의 재료에 의한 분류

탑을 만든 재료가 무엇이냐에 따라 대략 네 가지로 나뉘어진다. 첫째 진흙을 구어 만든 전탑(塼塔), 둘째 나무로 만든 목탑(木塔), 셋째 돌 특히 화강암으로 만든 석탑(石塔), 넷째 돌을 벽돌 크기로 만들어 쌓아 만든 모전석탑(模塼石塔) 등이 있다.

① 목탑

화순 쌍봉사 목탑

목탑은 재료가 목재이기 때문에 여러 차례의 전란으로 모두 타 없어져 삼국시대나 고려시대의 것은 남은 것이 없다. 다만 현재 그 터전만이 각처에 흩어져 있을 뿐이다.

특히 경주 황룡사 9층 목탑지와 사천왕사 목탑지는 신라 목탑 터전(址)의 대표적인 것이다.

다만 목탑 양식을 전해 주는 예로는 17세기 초 조선 시대의 건축물인 충북 보은 법주사 팔상전과 전남 화순 쌍봉사 대웅전이 있다.

② 석탑

우리나라 석탑의 발생은 삼국시대 말기인 600년 무렵으로 추정된다. 불교가 전래된 4세기 후반부터 6세기 말엽까지 약 200년간은 목탑의 건립 시기였고, 오랜 목탑의 건조에서 쌓인 기술과 전통의 연마가 드디어 석탑을 발생케 한 것으로 볼 수 있다.

백제는 당시 삼국 중에서 가장 건축술이 발달한 나라였기 때문에 석탑은 백제에서 처음으로 조형된 것으로 생각된다. 그 양식은 당시에 유행하던 목탑을 본뜬 것이었다. 백제에서는 7세기 초반에 이르러 석재로 목탑을 모방하여 만든 석탑을 처음으로 건립하게 되었다. 백제시대의 석탑으로 현재까지 보존된 것은 전북 익산 미륵사지 석탑과 충남 부여 정림사지 석탑뿐이다.

한편 신라의 석탑은 전탑을 모방하는 데서 출발하였다. 그러나 그 받침 형식 등이 벽돌로 만든 탑의 양식

1. 경주 불국사 석탑(석가탑)
2. 경주 감은사지 석탑

으로부터 발생했다는 것은 아니다.

백제와 신라의 초기 석탑들은 서로 그 양식을 달리 출발했지만 얼마 뒤 하나의 양식으로 통일된다. 여기서 비로소 한국 석탑의 전형이 생기게 된다.

이러한 계기를 마련해 준 것은 삼국통일의 덕택이었다. 신라의 석탑은 삼국통일과 함께 백제와 통일 전 신라의 각기 다른 양식을 종합하여 새로운 양식을 갖추게 된다. 새로운 계기를 맞아 집약 정돈된 형식으로 건조된 석탑 가운데 가장 초기 양식의 표본을 보이는 것은 감은사지 동서 3층 석탑과 고선사지 3층 석탑이다. 이 두 탑은 모두 새로운 통일국가의 서울인 경주에 세워진 것이다.

8세기 중엽에 이르러 신라식 일반형 석탑의 정형은 방형 평면의 기본양식과 괴체성(塊體性)의 중층 형식으로 한국 석탑의 주류를 이뤘으나 차츰 시대가 내려올수록 그 규모가 위축되고 단층기단으로 생략되는 등 변화를 보이게 된다.

고려시대에는 석탑 건립이 전국적으로 이루어졌다.

후기에 들어서면 각 지방의 토착세력이 탑을 세우는 데 참여하여 정형화된 양식보다는 각 지방 나름대로 특징이 반영되어 다양한 양식의 탑이 조형되었다. 또 사원 규모가 작아지면서 석탑도 규모가 작아지고 세부적 장엄 장식도 화려하게 발전하였다.

조선 초기에는 고려 말기의 석탑 양식이 그대로 유지된다. 이 시기의 것으로는 강원도 양양 낙산사 7층 석탑, 경기도 여주 신륵사 다층 석탑, 경남 함양 지리산 벽송사 3층 석탑 정도를 들 수 있다. 이들은 고려시대의 양식을 다소 계승하고 있으나, 전체적인 형태로는 더욱 무기력해진 느낌을 준다.

1. 안동 전탑
2. 영월 정암사 모전탑

③ 전탑

전탑은 전국적으로 크게 유행하지는 못하였다. 탑을 세우기에 앞서 벽돌을 생산해야 하기 때문에 일부 지역에서만 세워졌을 뿐이다.

우리나라 전탑 가운데서 최대의 전탑은 안동 신세동에 있는 7층 전탑이다. 탑신부는 옥신과 옥개를 회흑색의 무늬 없는 벽돌로 축조하였고, 1층 남쪽 면에 감실을 내었다. 또 안동 조탑동과 동부동의 5층 전탑, 경북 칠곡 송림사 5층 전탑, 그리고 경기 여주 신륵사 다층 전탑이 유명하다.

④ 모전석탑

전탑처럼 돌로 벽돌 모양으로 다듬어 모전석을 만들기까지 많은 번거로움이 뒤따랐기 때문에 크게 유행하지는 못했던 것 같다.

신라에서 가장 오래된 석탑은 경주 분황사 모전석탑이다. 이 탑은 백제 무왕과 같은 시기인 선덕여왕 3년(634)에 만들어진 신라 시대의 것으로는 가장 오래된 탑으로 신라 석탑의 기원을 이룬다.

1. 강진 월남사지 모전탑
2. 평창 월정사 8각 9층탑

안산암(安山岩)을 벽돌처럼 다듬어 중국의 전탑을 모방하여 만든 모전탑이다. 원래 9층이었다 하나 지금은 3층만 남아 있다. 1층 탑신 네 면에 감실을 내고 석문을 달아 출입구를 내었다. 이 부분은 화강암으로 되어 있다.

안에는 현재 불상을 모셨지만 원래의 것은 아니다. 감실 입구 양편에는 불법(佛法)을 수호하는 인왕입상(仁王立像)을 좌우로 배치하였다. 중층기단 네 모서리에는 동해를 향한 곳에는 물개를, 내륙 쪽에는 사자상을 조각하여 세웠다.

이 탑과 관련된 탑으로는 경북 의성 탑리에 있는 5층석탑을 들 수 있다. 이 탑도 석재로 전탑 모양을 모방한 것이지만 부분적으로 목조건물의 양식을 보이고 있어 한국 석탑 양식의 발달을 고찰하는 데에 귀중한 자료가 되고 있다.

이러한 모전탑은 후대로 내려오면 곳곳에서 찾아 볼 수가 있다. 고려시대에 만들어진 충북 제천 장악리 7층 모전탑, 경북 의성 빙산사지 5층 모전탑, 전남 강진 월남리 월남사지 모전탑, 강원도 영월 정암사 수마노탑 등이 있다.

탑의 층수에 따른 분류

탑은 수직층과 수평층으로 일정한 형식을 갖추고 있다. 수직층의 수는 3·5·7·9 등의 홀수로 나타낸다. 이 홀수는 양(陽)을 나타내고 하늘을 의미한다. 이것은 삼국시대 이래 탑을 만들 때 근거하는 경전인 『무구정광대다라니경』에 의거하여 무한한 공덕을 상징하는 관념적인 의미인 홀수로 탑의 층수를 쌓은 것이다.

그러나 고려시대에 들어오면서 원나라의 영향을 받아 짝수 층으로 세워진 탑도 생겨나게 되었다. 그 대표적인 것으로는 현재 경복궁에 있는 경천사 10층 석탑과 원나라 라마교의 영향을 받은 서울 탑골공원의 원각사 10층 석탑이 있다.

수평층의 수는 4·6·8 등 짝수로 나타낸다. 이 짝수는 음(陰)을 나타내고 땅을 의미한다. 이처럼 탑은 동양사상의 음양오행과 일치하고 있다. 그러므로 탑의 수직층은 항상 3층 이상의 홀수 층으로 이루어지고, 수평층은 4각형·8각형·원형 등으로 구성된다. 특히 우리나라 대부분의 탑은 3층 양식이 많으며, 5층·7층·9층·13층탑 형식 등도 볼 수 있다.

1, 화순 운주사 탑
2. 부여 정림사지 탑

탑의 양식에 따른 시대 분류

우리나라의 탑은 크게 백제 계열의 목탑형 석탑과 신라 계열의 전탑형 석탑으로 구별할 수 있다.

백제 계열의 목탑형 석탑

이것은 목재 건축물을 모방하여 석재를 목재의 판형으로 깎아 조형한 것이다. 곧 석탑의 지붕에 해당하는 부분을 살펴보면 지붕에 올라가 있는 목재의 판재처럼 편평하고 넓게 석재를 깎아 올려놓았다. 그렇기 때문에 물이 떨어지는 면이 거의 없고 편평한 목재처럼 만들어졌다. 편평한 목재처럼 만들어진 그 가장자리 부분, 곧 풍경이 달려 있는 부분을 위로 살짝 올려놓아, 밑면과 윗면이 같이 위로 올라가는 것이 특징이다.

백제 계열의 탑으로는 익산 미륵사지 석탑과 부여 정림사지 석탑, 왕궁리 5층 석탑 등이 있다. 고려시대 탑으로는 부여 무량사 5층 석탑, 부여 장하리 3층 석탑 등이 백제 계열의 탑으로 분류된다.

신라 계열의 전탑형 석탑

작은 벽돌로 촘촘히 쌓은 전탑 형식을 취하는 특징을 가지고 있다. 지붕에 해당하는 받침 부분과 물이 떨어지는 면에 각이 지는데 받침 부분은 다섯 개의 받침으로 정형화되고 물이 떨어지는 면은 완만한 곡선으로 처리하였다. 그러므로 신라의 석탑은 지붕 면의 물이 떨어지는 각도를 완만하게 만들어 놓았고, 지붕석을 받치는 받침이 다섯 개의 층을 이루는 특징을 가지고 있다.

이와 함께 지붕석의 가장자리, 곧 풍경이 달린 부분의 아래쪽 면은 평행선을 유지하고 윗면만 위로 솟은 모습을 지니는 것이 특징이다. 이 지붕받침 및 물이 떨어지는 면과 가장자리가 반전하는 모양에서 백제 계열

1. 장흥 보림사 탑
(전각이 두드러지게 표현)
2. 경주박물관 고선사 탑
(신라 계열)
3. 경주 불국사 다보탑

의 탑과 구별할 수 있다.

또 신라 불탑의 가장 큰 특징의 하나는 법당을 마주 보고 동서에 두 개의 탑이 나란히 서 있는 쌍탑의 출현이다. 쌍탑은 백제나 고구려에서는 볼 수 없고 오직 통일신라 이후에서만 나타나는 특수한 양식이다. 우리나라에 현존하는 쌍탑은 30여 쌍 60여 기에 이르고 주로 경북 월성 지역에 집중되어 있다. 이에는 감은사지 동서 3층 석탑, 불국사 다보탑과 석가탑, 화엄사 5층 석탑, 실상사 3층 석탑 등이 유명하다.

1. 영주 부석사의 탑(신라)
2. 양양 낙산사의 탑(고려)
2. 여주 신륵사의 탑(조선)

백제가 신라에 점령당해 멸망하면서 백제 계열의 탑은 점차 소멸해 가고 고려시대에 들어 몇 기가 조성되는 정도에 그쳐 거의 찾아보기 어렵다. 반면 신라의 석탑은 한반도 전역으로 퍼져나갔다. 신라의 석탑은 경주 감은사지 탑을 시작으로 정형화하고 있다. 그 탑의 정형성은 다음과 같다.

첫째 기단부에 기둥을 표시하여 가운데 기둥(탱주)의 흔적을 두 개씩 해 놓았는데 통일신라에서 고려 초에 이르면 한 개로 줄어들거나 아예 없어진다.

둘째 지붕석(옥개) 받침 부분이 다섯 개의 층 모두 정형화되어 있으나 통일신라 말기에 오면 네 개에서 다시 세 개로 줄어드는 변화를 볼 수 있다.

신라 계열의 석탑으로는 경북 의성 5층 석탑, 경주 감은사지, 경주 고선사지 3층 석탑, 경주 나원리 5층 석탑, 경주 구황동 황복사지 3층 석탑, 경주 장항리 5층 석탑 등이 있다. 8세기 중엽의 경주 천군동 동서 3층 석탑, 불국사 3층 석탑, 금릉 갈항사지 동서 석탑, 9세기 탑으로는 장흥 보림사 쌍탑, 영주 부석사 3층 석탑, 합천 청량사 3층 석탑, 산청 단속사지 동서 3층 석탑, 남원 실상사 동서 3층 석탑, 대구 동화사 금당암 3층 석탑, 봉화 서동리 동서 3층 석탑, 문경 내화리 3층 석탑, 봉암사 3층 석탑 등이 있다.

고려시대 이후 불탑 변화

고려시대에 이르면 받침은 세 개로 줄어든다. 각 층의 탑신부를 받치는 사이돌(간석)이 만들어져 탑신부와 구별되게 삐져나온 모양을 하고 있는 특징을 지닌다.

조선 시대에 이르면 기단부의 윗부분에 연꽃을 조각한 모습을 보여 조선 시대 탑의 특징으로 지적할 수 있다.

탑의 변화를 살펴보면서 결론적으로 지적하고 싶은 것은, 한국 탑의 대부분은 분황사에서 볼 수 있듯이 신라 계열의 석탑으로서 전탑이나 모전탑 형식이 석재로 조각되어 정형화된 것이지만, 그 근원적인 모델은 목재 건축물에서 시작되고 있다는 점이다.

그 밖의 탑

이러한 전형적인 탑과는 달리 다른 형태를 띠고 있는 탑을 이형탑(異形塔)이라 부른다. 이에는 경주 불국사 다보탑, 구례 화엄사 4사자 3층 석탑과 서 5층 석탑, 월성 정혜사지 13층 석탑, 철원 도피안사 3층 석탑 , 경주 석굴암 3층 석탑, 경주 원원사지 동서 탑, 남원 실상사 백장암 3층 석탑, 경주 남산 서 3층 석탑, 양양 선림사지 3층 석탑, 개성 경천사 10층 석탑 등이 있다.

마음의 등불-석등

석등은 무엇을 표현하고 있는가

불이문을 지나면 탑에 이어 나타나는 석조물이 석등이다. 어둠을 밝히는 석등은 사방으로 화창이 뚫려 있고 불을 넣는 곳을 팔각으로 만들고 그 위에 지붕석을 올리고 지붕석 정상에 여의주를 얹는 형식을 취하고

1. 8각형 석주 석등
2. 구례 화엄사 탑과 석등

있다.

지면과 구별하는 기단부에는 거꾸로 엎은 연꽃[覆蓮]이 신성한 것을 모신다는 의미로 조성되고 있는데, 앞에서 보았듯이 연꽃이 조성되면 최소한 보살 이상의 부처님을 모셔야 한다. 그러므로 엎어진 연꽃 위에 올라가는 존재는 불·보살임을 알 수 있다.

그 복련 위에 팔각기둥을 세우는데, 수행자가 성불을 위해 수행하는 것을 상징(팔정도)하여 팔각으로 조각하고 있다. 다시 팔각의 간주 위에는 위로 받드는 모양의 연꽃[仰蓮]으로 좌대를 만들고 그 좌대 위에 창을 만들어 얹는다.

불빛이 나가는 창의 사방은 사성제[고·집·멸·도]의 법문을 의미하기도 하고, 모든 중생계를 비춘다는 의미도 있다. 특히 석등에서 불을 켜는 화사(불집)에서 비추는 광명은 부처님의 진신을 상징하므로 부처님을 모신 것을 의미한다.

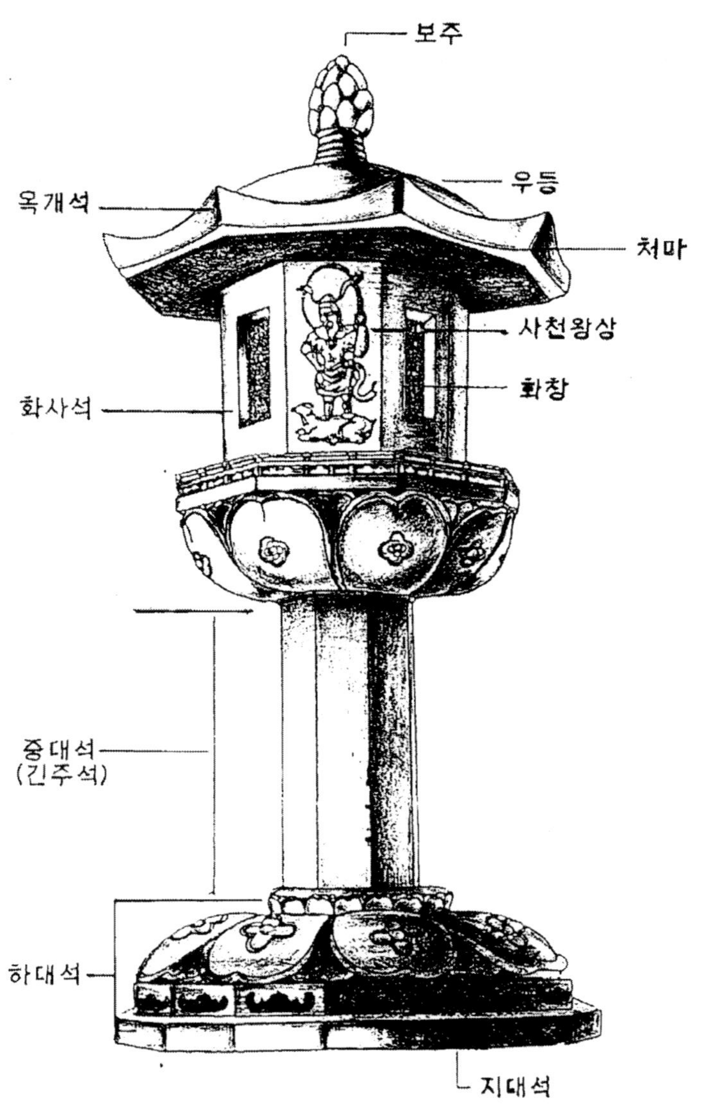

석등의 명칭도

곧 석등은 실용적인 의미에서는 어둠이 내릴 때 주위를 밝히기 위한 용도로 조성되었지만, 신앙적으로는 수행을 통해 성불한다는 뜻과 부처님의 자비광명이 중생계를 두루 비춘다는 뜻을 가지고 있다.

간주형 석등은 팔각기둥으로 된 석등으로, 영주 부석사 무량수전 앞에 있는 석등이 유명하다. 고복형 석등은 통일신라 후 호남지방을 중심으로 만들어진 석등으로 원형기둥의 중앙에 북 모양을 닮은 굵은 마디를 두었다. 구례 화엄사 각황전 석등, 합천 청량사 석

보은 법주사 사자 석등
법주사 쌍사자 석등은 간주석을 사자의 형상으로 하였기에 명명되었다. 사자는 지혜를 상징하므로 지혜로써 성불함을 뜻하고 있다. 그런데 쌍사자의 한 마리는 입을 벌리고 한 마리는 입을 다물었다. 아와 훔을 상징하여 시작과 끝, 완성을 의미한다.

등, 남원 실상사 석등, 담양 개선사지 석등 등이 고복형 석등이다.

이러한 석등 가운데 중간 기둥이 팔각 간주로 이루어진 것 외에 사자의 형상으로 만들어진 석등을 볼 수 있다. 이 경우에 사자기둥은 지혜를 통해 성불하는 것을 상징한다. 문수보살도 사자상을 타고 있듯이 사자는 바로 지혜의 상징이기 때문이다. 또한 부처님의 설법을 사자후라고 하는데, 부처님의 설법이 모든 중생의 번뇌를 제압한다는 것을 상징화한 것이다.

충북 보은 법주사 쌍사자 석등을 보면 두 마리 사자 중 한 마리는 입을 다물고 있고 다른 한 마리는 입을 벌린 형상을 취하고 있다. 이는 입을 벌린 것은 범어 첫 글자 아(a) 자를 상징하며 창조 · 출발 · 시작 등을 의미한다. 입을 다문 것은 범어 마지막 글자 훔(hum) 자를 상징하며, 끝과 소멸을 의미한다. '아'와 '훔'을 합하면 원만구족을 상징하는 범어 옴(oṃ) 자가 된다.

그 밖의 석등으로는 구례 화엄사의 4사자 3층 석탑 앞의 석등이 있다. 3층 석탑 기단부에 사자 네 마리가 앉아 석탑의 네 모서리를 받치고 있고 그 중앙에 합장한 자세로 서 있는 승려 모습의 인물상이 머리로 석탑을 받들고 있다. 이 승려의 상이 바로 연기조사의 어머니인 비구니이고 석등의 간주석에 무릎 꿇어 앉은 자세를 취하고 있는 승려의 상은 바로 연기조사라고 한다.

효성이 지극한 연기조사가 탑을 머리에 이고 있는 어머니께 석등을 이고 차 공양을 올리는 모습을 나타내고 있다. 이것은 화엄사를 창건한 연기조사가 어머니의 정토왕생을 기원하는 지극한 효성을 예술로 승화 시킨 것이다.

1. 고복형 석등 (남원 실상사)
2. 영주 부석사 석등
3. 구례 화엄사 연기조사 석등
4. 거북 등 위에 인물상이 조성된 석등(여수 흥국사)
5. 코끼리 등 위의 석등(예산 수덕사)

조사들의 숨결이 깃든 곳-부도

원래는 탑(stūpa)의 다른 말이지만 우리나라에서는 스님들의 사리나 유골을 넣은 탑을 말한다. 부처님의 사리를 모신 탑이 사리탑이라면 훌륭하신 스님이 열반하신 뒤에 그 분들의 사리를 모신 탑은 부도탑이라 부른다. 우리나라 부도탑은 주로 복발형이라 해서 밥그릇을 엎어놓은 형태다.

그러나 탑의 형식을 취하고 있는 경우도 있고 목조건축물을 그대로 본뜬 형태도 있다. 탑이 일정한 정형성을 가지고 있다면 부도는 상대적으로 그 조형양식이 일정 부분 자유롭게 조성된 경우가 많으므로 독특성과 창조성을 엿볼 수 있다.

부도의 양식

부도의 양식은 대략 8각원당형 · 석종형 · 특수형 · 탑형 등으로 나뉘어 볼 수 있다.

1. 8각원당형 부도
2. 석종형 부도
3. 탑형 부도

8각원당형

8각원당형은 통일신라 때부터 시작된 정형적인 부도 양식으로 기단부 위에 탑신과 옥개석을 얹은 모양이다.

이 양식으로는 염거화상부도, 화순 쌍봉사 철감선사부도, 장흥 보림사 보조선사창성탑, 문경 봉암사 지증대사적조탑, 남원 실상사 증각대사응료탑과 실상사 수철화상능가보월탑 등이 있다.

석종형

석종형은 종 모양처럼 생긴 부도 양식이다. 이 양식으로는 울산 태화사지 12지신상 부도를 비롯하여 고려 말에서 조선조에 걸친 부도에서 많이 볼 수 있다.

특수형

특수형은 탑신부가 원구형을 이루는 부도 양식이다. 이에는 충주 정토사 홍법국사실상탑이 있다.

탑형

탑형은 평면방형을 기본으로 하여 탑과 유사한 부도 양식이다. 이에는 원주 법천사 지광국사현묘탑이 해당된다.

부도에 깃든 의미

부도는 사료와 사적기에 의존하여 각 절마다 그 절에서 수행하여 일정한 수행의 단계에 오른 고승들이 얼마나 많았는가를 확인하는 곳이고, 부처님의 진리가 전설 속에만 있는 것이 아니라 한국 역사 속에서 꾸준히 이어져 오고 있음을 확인할 수 있는 것이기도 하다.

때로는 절이 폐허가 되어 있을지라도 옛날에 조형되었던 부도를 통해 그 절의 규모와 크기가 얼마나 많은 고승을 배출한 유명한 곳이었는가를 가늠해 볼 수 있다.

특히 부도에 새긴 돌로 된 조형 기술은 정형화된 탑과 달리 당시 석조공예가의 솜씨를 마음껏 발휘할 수 있는 것이므로 뛰어난 예술성을 접할 수 있다.

전남 해남 미황사에 있는 부도들은 자연미가 한껏 발휘되어 있고, 경기도 양주 회암사에 있는 고려 말에서 조선조의 고승이었던 지공화상 · 나옹화상 · 무학대사 3화상 부도전은 정제된 완성미로 잘 알려져 있다. 당시 큰스님일수록 외형이 화려하고 장엄한 부도가 많다. 특히 선종의 각 선문 시조의 부도는 거의 탑에 가까울 정도로 화려한 특징을 지니고 있다.

비문석

비문석은 돌로 된 비석에 글을 적은 놓은 것을 말한다. 사리탑과 관계 있는 스님의 일대기를 적은 것이 많고, 사찰의 창건과 유래가 적혀 있는 사적이 비문석에 기록하여 전하는 경우도 많다. 이러한 비문석은 비석을 받치는 좌대, 석비, 상단 부분인 이수의 세 부분으로 이루어진다.

좌대

주로 거북을 많이 조형한다. 거북은 10장생(해 · 달 · 물 · 돌 · 구름 · 소나무 · 불로초 · 거북 · 학 · 사슴)의 하나로서 그 등이 넓고 편평하여 불로장생을 상징하는 동물이다.

통일신라 때부터 초기의 좌대는 거북의 생동하는 모습을 사실적으로 표현한 것이 많다. 그 뒤 고려시대에

1. 영암 도갑사 비문석
2. 이수와 귀부

들어오면 거북의 형상을 가진 좌대의 머리 부분이 점차 용의 모습으로 변해 가고, 발톱이 날카로우며 매우 생동적으로 표현된다.

이처럼 머리 부분이 용의 모습으로 변해 갔지만 비문석을 올리는 귀부는 거북의 등을 조형하여 만들어 놓고 있다. 조선 시대에 이르면 거북의 좌대는 등 부분이 말려 올라가 연꽃모양으로 변화하는 모습을 특징으로 한다.

석비

거북의 형상을 취한 좌대 위에 올려진 사적기나 스님의 일대기를 기록한 비문석을 말한다. 좌대 위에 올려놓은 비문석에 쓰인 내용은 절의 사적이나 그 스님의 일대기를 후대까지 중요한 사료로 전해진다는 점에서 중요한 의미를 갖는다.

이수

비문석 위에 비와 햇빛을 막아주고 지붕의 역할을 하는 석재로 된 부분을 말한다. 용 모양을 하고 있다. 멀리 본다는 뜻을 가진 이 용은 통상적으로 두 마리 이상을 조성한다. 구름 속에서 용트림하면서 여의주를 물고 있는 모습으로 화려하고 생동감 있게 표현하고 있어 천상의 신비감을 더해 준다.

석비의 각부 명칭

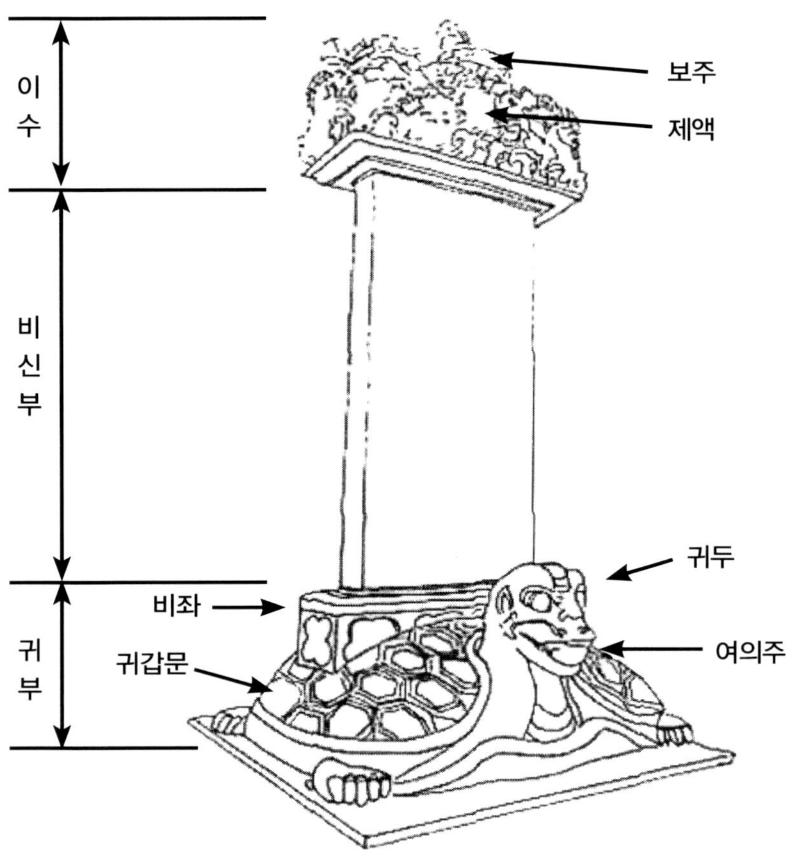

4부

장인의 혼이 살아 숨쉬는 곳

목조 건축물은 어떻게 구성되어 있는가

전통 사찰을 답사해 보면 제일 먼저 만나게 되는 안내판들에 목조 건축물에 대한 설명이 적혀 있으나 도대체 무슨 말을 하는지 이해하기 힘들 때가 많다.

이는 목조 건축물에 대한 용어를 이해하지 못해 그런 것이므로 이번 기회를 통해 흔히 쓰이는 용어를 중심으로 설명해 보고자 한다.

특히 많은 목조 건축물 가운데서도 일반인이 사는 주택이나 궁궐이 아니라 전통사찰을 중심으로 사찰 목조 건축물에 대하여 알아보자. 그렇다고 사찰의 목조 건축물이 다른 목조 건축물의 용어와 특별히 다른 것이 아니다.

목조 건축물을 쉽게 이해하기 위해서 건축물을 편의상 기초부 · 하단부 · 중단부 · 상단부로 분류해 보자.

기초부

지반에 해당하는 토대와 기단으로 분류되지만 여기에는 땅과 분리해 쌓아 놓은 석축기단인 기단 부분을 설명한다.

하단부

건축물을 올리기 위한 부분이다. 초석 · 기둥 · 벽면 · 창호 등으로 분류한다.

중단부

기둥부 위에 올라가는 공포부와 공포 구성에 따른 건축물 양식을 설명한다.

상단부

대들보와 도리 그리고 서까래와 지붕을 설명한다.

목조 건축물 명칭도

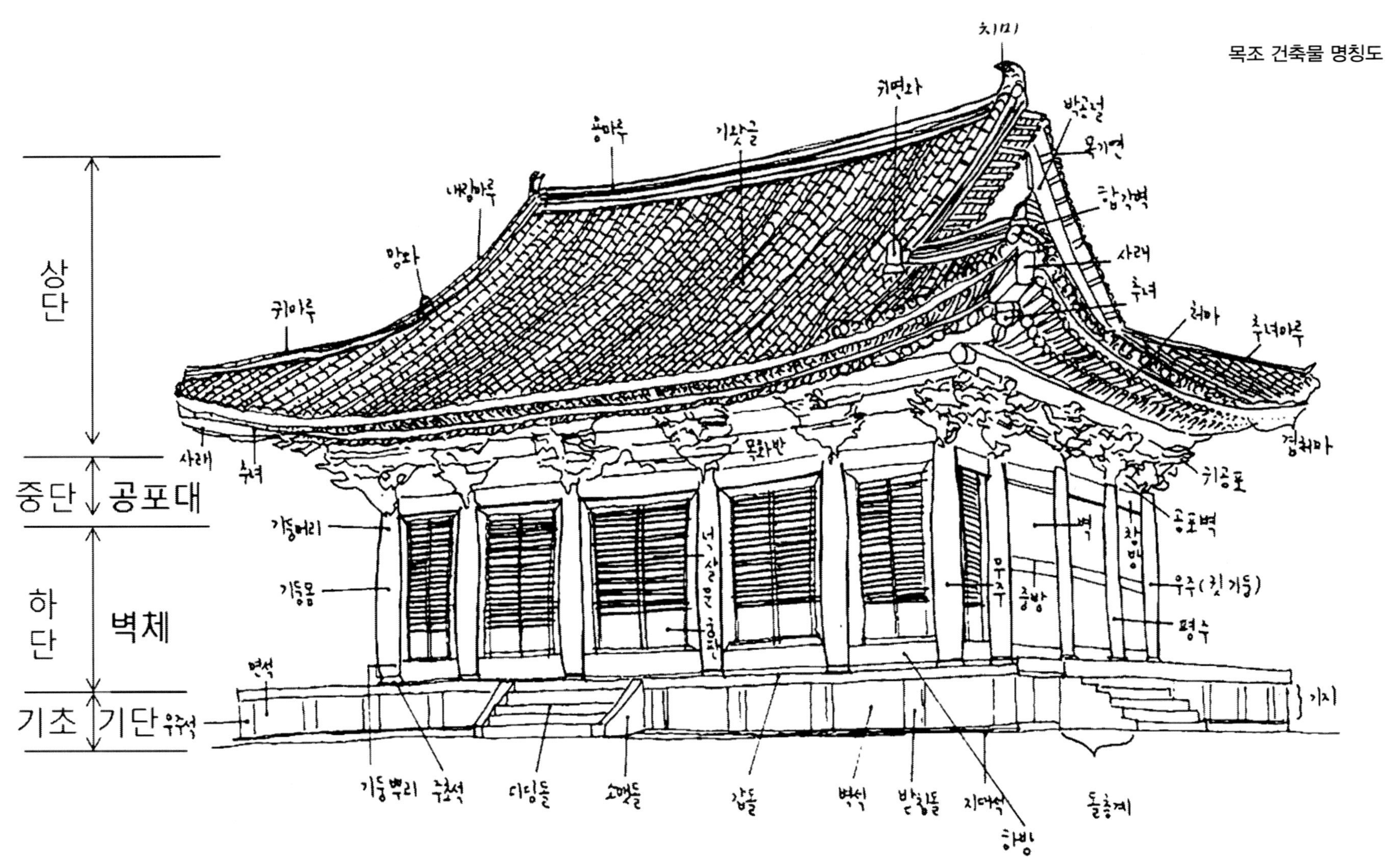

치미
귀면와
용마루
기왓골
박공널
목기연
합각벽
내림마루
망와
사래
추녀
허마
추녀마루
귀마루
상단
중단
공포대
하단
벽체
기초
기단
사래
추녀
목화반
겹처마
귀공포
공포벽
가둥머리
기둥몸
벽
창방
우주(귓기둥)
무주
중방
평주
면석
우주석
기지
기둥뿌리
주초석
디딤돌
소맷돌
갑돌
벽석
받침돌
지대석
하방
돌층계

1. 막돌 허튼 층 쌓기
2. 막돌 바른 층 쌓기

기초부

기단

기단이란 건축물을 지면과 분리하기 위해 쌓아 올린 흙이나 돌을 가리킨다. 우리나라 사찰에서는 주로 돌로 쌓은 석축이 주류를 이룬다. 이것은 신성한 곳을 높여 제단을 만들었던 과거 솟대의 전통에서 유래된 것으로 보인다.

먼저 그 층수에 따라 단층기단과 다층기단으로 나누어진다. 단층기단은 높이에 관계없이 하나의 층으로 된 것이고, 다층기단은 층수가 2층 이상 되는 것을 가리킨다.

그러나 중요한 것은 기단의 마감재를 어떻게 쌓느냐이다. 이에 대략 네 가지 양식이 있다.

막돌 허튼 층 쌓기

가공하지 않은 돌을 쌓는 방법으로서 층을 맞추어 쌓는 것이 아니라 큰 돌과 작은 돌을 쌓아 올라가는 방법이다. 가장 자연스럽고 단순한 방법이다. 대표적

난간(경주 불국사)

인 예로는 안동 봉정사 대웅전 · 부석사 석축 · 해인사 대장경 판고 등을 들 수 있다.

막돌 바른 층 쌓기

가공하지 않은 크고 작은 돌을 이용하여 일정하게 층을 맞추어 공들여 쌓는 방법이다. 일정하게 층을 맞추기 위해서는 같은 크기의 자연석을 골라내야 하고 층에 맞추기 위해서는 크고 작은 돌들을 이용한 까다로운 위치 이동이 요구되기도 한다.

이것은 막돌 허튼 층 쌓기에 비해서 한 단계 높은 기술이 요구되는 방법이다. 대표적인 예로는 김제 금산사 미륵전 측면 기단에서 볼 수 있다.

다듬돌 허튼 층 쌓기

돌의 크기가 일정치 않으므로 인위적으로 일정하게 돌을 쪼개어 쌓는 방법이다. 다듬은 돌은 눈금추를 이용하여 일정하게 층을 쌓는 방법이 아니라 층에 관계

없이 쌓아 올린다.

다듬돌 바른 층 쌓기

같은 크기로 가공한 자연석을 층에 맞추어 쌓는 방법으로 눈금추를 이용해야 하며 돌을 일정한 크기로 가공해야 가능한 방법이다.

돌을 가공하는 과정부터 쌓을 때까지 정교한 수법이 요구되는 고급 돌 쌓기 방법이다. 이 쌓기는 어느 기단보다도 엄격하며 정형적이고 인위적이며 통제된 느낌을 주는 석축이다.

계단과 소맷돌

계단은 건축물의 상단과 연결하는 곳이지만 경우에 따라 상단에 그냥 붙이거나 상단을 파고 들어가 조성되기도 한다.

소맷돌은 계단부 옆면에 해당하는 부분을 말한다. 소맷돌에는 연꽃문양·용·사자 모양 등이 많이 새겨져 있는 것을 볼 수 있다.

소맷돌(안성 칠장사)

하단부

하단부는 건축물을 지탱하는 데 필요한 부재로 구성된다. 곧 기둥과 기둥을 받치는 초석으로 이루어진다. 밑에서 위로 올라가는 순서로 설명하면 초석이 있고 초석 위에 기둥을 올린다.

1. 자연석 초석
2. 해남 미황사 초석

초석

기단 위에 놓여 기둥을 받치며 기둥의 무게를 지면으로 전달해 주는 역할을 한다. 그 형태에 따라 자연석 그대로 사용하는 막돌 초석과 방형 · 팔각형 · 원형 등으로 다듬은 다듬돌 초석으로 나뉜다. 막돌 초석은 부안 내소사 대웅전와 하동 쌍계사 후문에서 볼 수 있다.

자연석을 다듬은 돌은 수법에 따라 원형 초석 · 방형 초석 · 팔각형 초석 · 원뿔처럼 생긴 원추형 초석 · 사각뿔 모양으로 생긴 방추형 초석 등으로 분류한다. 이 가운데 팔각형 초석 형식은 석굴암 8각 석축에서 볼 수 있고, 원추형 초석은 범어사 일주문에서 볼 수 있다.

초석은 기둥을 받치는 용도로 사용된다는 것이 기본이면서 건축물이 불에 타 폐허로 된 경우에는 소실된 건축물의 크기를 가늠하는 데 매우 유효한 유물 역할도 한다.

목탑의 경우에는 초석(특히 가장 가운데 있는 심초석)에 불상과 사리함과 같은 복장물을 넣어 두기도 하여 그 건물에 대한 정보를 얻을 수도 있다. 대표적인 예로

기둥의 종류

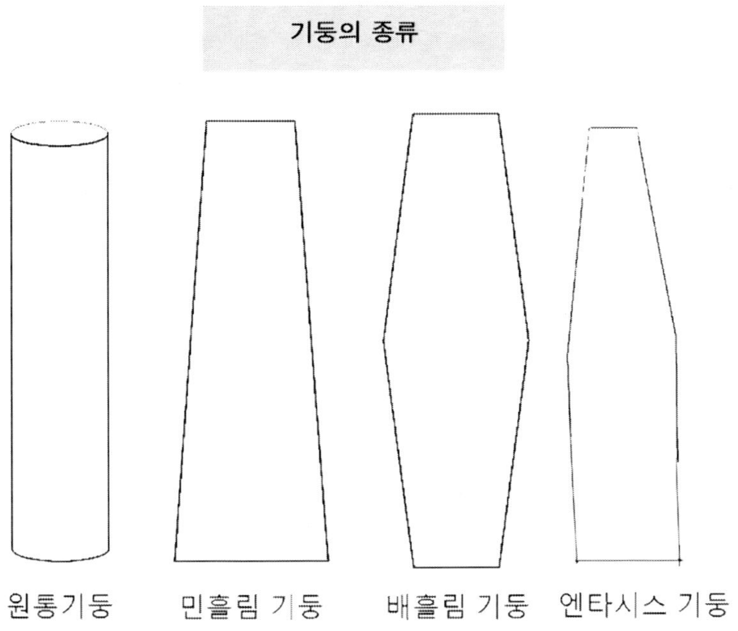

경주 황룡사 9층 목탑을 들 수 있다.

기둥

초석 위에 세워 지붕과 가구, 곧 상부의 무게를 지탱해 주는 부재이다. 특히 기둥과 기둥 사이를 칸이라 한다. 우리가 정면 몇 칸 또는 측면 몇 칸이라 할 때 기둥과 기둥 사이의 면이 몇 개인지를 말하는 것이다.

기둥과 기둥 사이의 면적은 좁고 넓음에 따라 구별하는 것이 아니라 기둥과 기둥 사이의 면이 몇 개인지 헤아려서 정면 몇 칸, 측면 몇 칸의 건물로 명명하면 된다.

기둥은 깎는 기법(단면 형태)에 따라 원기둥과 각기둥이 있다. 그러나 사찰 건축물에는 일반적으로 원기둥이 많다. 다시 원기둥에는 원통기둥 · 민흘림기둥 · 배흘림기둥이 있다.

원통기둥

기둥 위로부터 아래까지 굵기가 일정한 기둥을 말한다. 이에는 순천 송광사 국사전, 부안 내소사 대웅보전 등이 있다.

민흘림기둥

안정감과 착각을 교정하기 위해 기둥의 상부는 그대로 두고 밑으로 내려갈수록 굵게 만든 기둥이다. 고목처럼 밑둥치가 크고 위로 올라갈수록 작아지게 만들어 안정감을 준다.

이 기둥은 아래로 내려갈수록 굵어지므로 건물의 내부 공간이 배흘림기둥보다 좁아지나 자연적인 느낌을 준다. 그러나 배흘림기둥보다 정제된 느낌은 덜하여 엄격한 맛이 적다.

이에는 부안 개암사 대웅전, 화순 쌍봉사 대웅전, 구례 화엄사 각황전 등이 있다.

배흘림기둥

육중한 지붕을 안전하게 지탱하고 있는 것처럼 보이도록 높이의 1/3 정도에서 가장 굵어졌다가 다시 차츰 가늘어 시각적 안정감을 주는 원통기둥이다.

이에는 영주 부석사 무량수전과 조사당, 강진 무위사 극락전, 문경 봉정사 극락전과 대웅전, 합천 해인사 대장경 판고, 영천 은해사 거조암 영산전 등이 있다.

귀솟음과 안쏠림(착시 교정 효과)

기둥이 건물 밖에 있느냐 안에 있느냐에 따라 외진주(바깥 기둥)과 내진주(안 기둥)가 있다. 다시 바깥 기둥에는 평주(평 기둥)와 우주(모서리 기둥)가 있다. 안 기둥에는 고주(긴 기둥) · 단주(짧은 기둥) · 실심주(가운데 기둥)가 있다. 그리고 추녀 부분의 처짐을 방지하기 위한 동자주(활주)가 있다.

고주와 평주

기둥에서도 건물의 상단부에 지붕각을 만들기 위해 특히 긴 기둥을 사용하는 경우가 있다. 이를 다른 기둥과 구별하여 고주라고 한다. 그 밖에 다른 기둥을 고주와 구별하여 평주라 한다.

안성 칠장사 기둥들

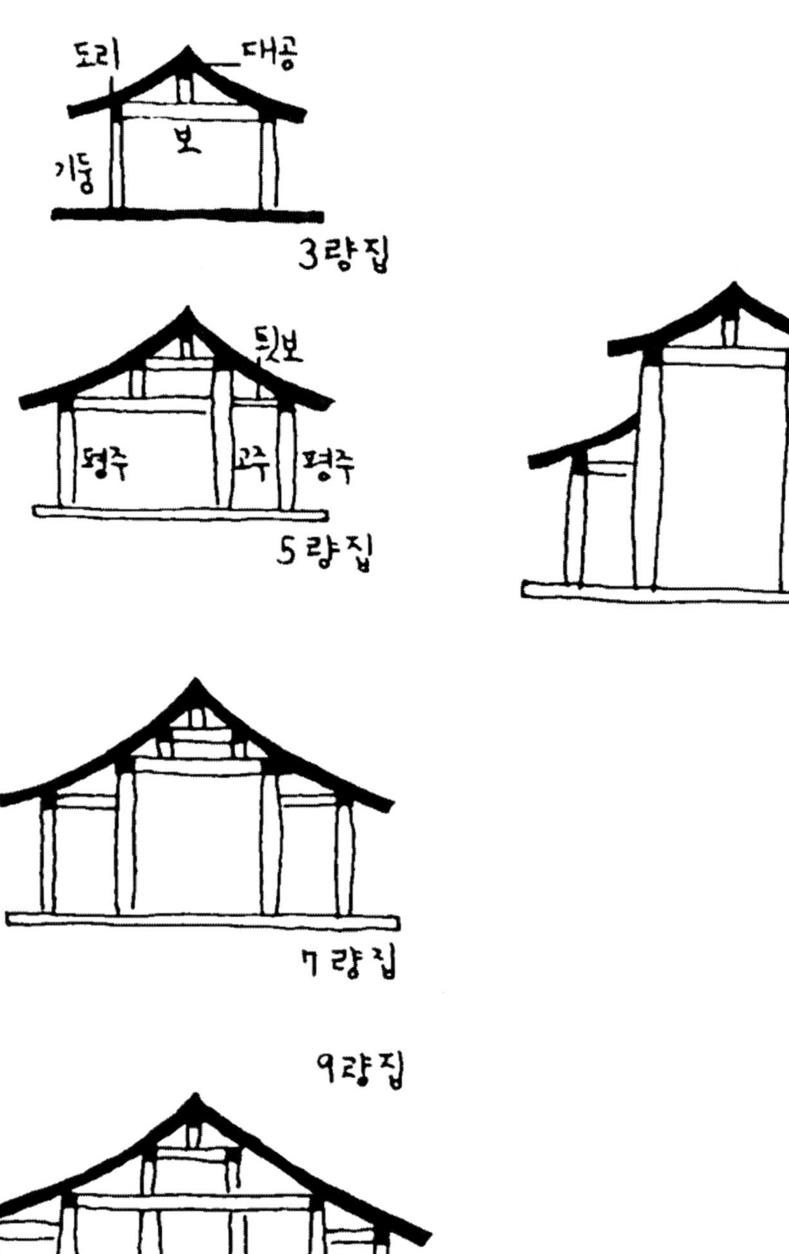
도리
대공
보
기둥
3량집
퇴보
평주
고주
평주
5량집
7량집
9량집

기둥의 수에 따른 건축물의 분류

3량집

최소한의 기둥을 이용하여 구성하는 건축물로서 2개의 평주와 동자주의 3개 기둥을 사용한다.

5량집

평주와 고주를 여러 가지 방법으로 배치하나 모두 5개의 기둥이 사용된다.

7량집 · 9량집

내부 공간을 넓게 만들기 위해 사용되는 조성법이다.

중단부

중단부는 공포대를 말한다. 공포대는 기둥과 대들보 사이에 있다. 공포대는 대들보 · 도리 · 서까래 · 지붕기와 등 상부의 무게를 모두 기둥에 전달하는 역할을 한다. 그러므로 공포의 중요성은 이러한 상부의 무게를 바로 기둥에 전달하는 것이 아니라 공포 부재를 이용하여 상부의 무게를 분산시켜 주는 효과를 준다.

그러면 먼저 공포는 어떻게 구성되는지부터 살펴보기로 하자.

1. 공포의 명칭도
2. 다포계 명칭도

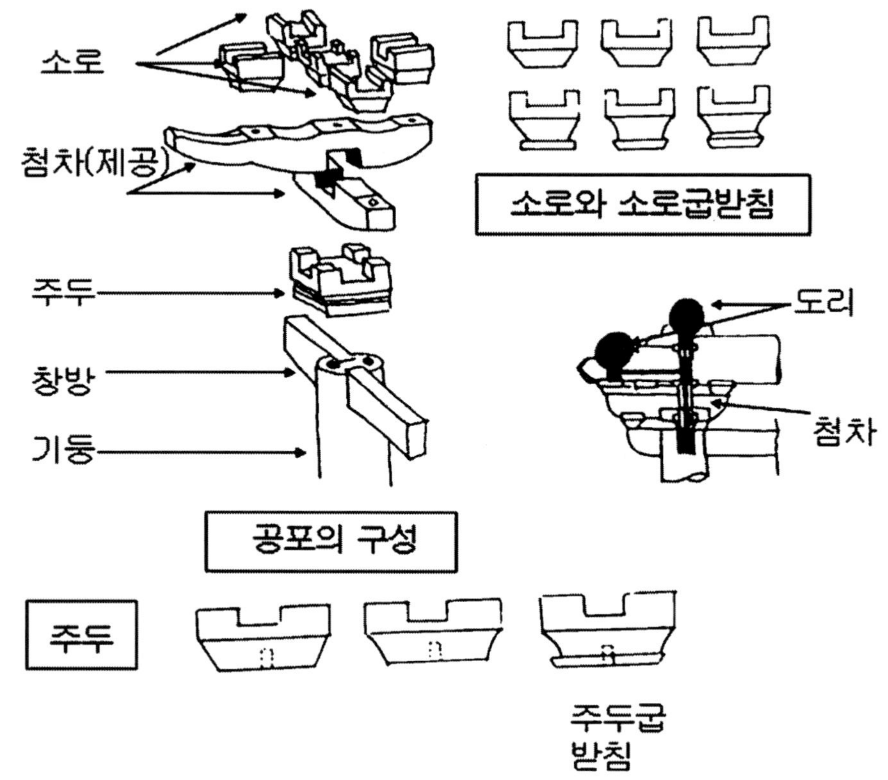

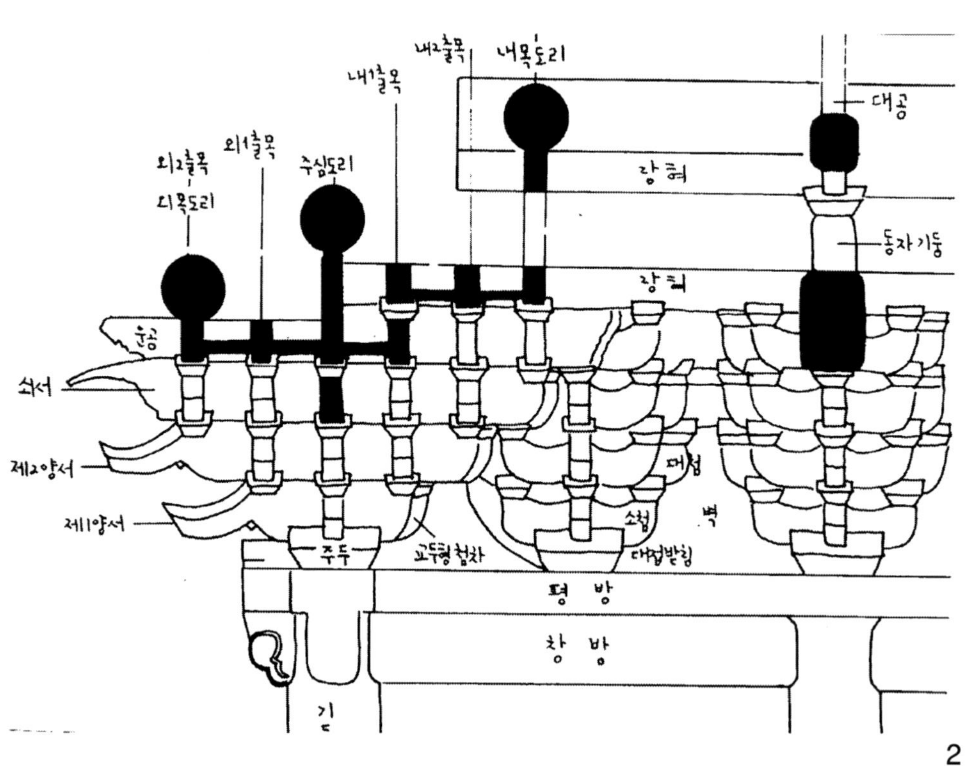

공포의 구성

공포는 주두 · 첨차 · 소로 등을 이용하여 첨차를 교차되게 중복하여 쌓는다.

주두

기둥 바로 위에 있는 부재로서 상부가 첨차를 십자형으로 교차할 수 있게 만들어진다.

소로

주두와 비슷하나 일자형으로 첨차를 올릴 수 있게 되어 있는 부재이다.

첨차

거의 을(乙)자형에 가까운 약간 길쭉한 부재로서 주두나 소로 위에 올라가 있는 부재를 말한다. 건축물의 기둥 바로 위에 있으므로 쉽게 찾을 수 있다.

흔히 기둥 바로 위에 있는 부재가 쉽게 눈에 띄도록 되어 있는데 이것은 여러 개의 첨차를 교차하여 만들었기 때문이다. 소로나 주두는 바로 이러한 첨차를 고정해 주는 역할을 하는 부재이다.

공포대는 이처럼 여러 개의 첨차를 직각으로 교차하여 결합해 놓은 덩어리이다. 이러한 첨차가 건물 외벽의 정면으로 빠져나온 것을 출목이라고 한다.

출목

출목

몇 개의 첨차가 교차되어 있는지를 구별하는 용어로서 그 건물의 크기를 짐작할 수 있는 기능도 함께 가지고 있다.

즉 외 2출목이라고 하면 첨차가 정면으로 두 개 나와 있다는 의미이고, 외 3출목은 세 개의 첨차가 중복되어 교차되었다는 뜻이므로 출목이 많이 나와 있는 것일수록 큰 건물이다.

또한 건물 바깥으로 나온 출목 위에는 도리가 놓여 있고, 도리 위에는 서까래와 기붕 기와가 있어 출목이 많이 나와 있을수록 지붕이 커지고 차양과 비를 막을 수 있는 공간은 넓어진다.

공포가 이렇게 구성되는 이유는 상부의 하중을 분산시키는 역할도 있지만 건물 벽면으로 들어오는 햇빛과 비를 막을 공간을 확보하기 위한 것이기도 하다. 그러므로 공포는 다음 네 가지 역할을 한다.

① 처마와 지붕을 건물 밖으로 길게 끌어내어 들이치는 빗물을 막아 벽면과 창호를 보호하는 기능을 한다.

② 지붕의 무게를 분산시켜 기둥에 전달되도록 하여 기둥이 한꺼번에 받는 무게를 줄여 주는 기능을 한다.

③ 천정을 높여 내부 공간을 넓게 하는 기능을 한다.

④ 건물의 안팎을 아름답고 우아하게 장엄하는 장식재의 역할을 한다.

1. 예산 수덕사 대웅전
주심포 양식
2. 영주 부석사 무량수전
주심포 양식

건축물의 양식

공포는 지붕 하중을 기둥으로 전달하는 부재료로 기둥에서 처마까지 시선의 흐름을 원활히 해 주며 시대 구분에 매우 중요한 요소이다. 이러한 공포의 구성과 역할에 따라 건축물의 양식은 주심포 양식 · 다포계 양식 · 익공계 양식 세 가지로 나누어진다.

주심포 양식

고려 초기에 신라와 송나라의 건축양식을 바탕으로 공포가 기둥 위에만 짜이는 양식이다. 곧 공포가 기둥 바로 위에 얹혀 상부의 하중을 기둥에 직접 전달하는 형태이다.

고려시대의 건축물은 거의 주심포 계열에 속한다. 주심포는 배흘림이 강조된 기둥 바로 위로 주두에서 시작하는 공포가 내외 1출목이나 2출목으로 된 것이 많다. 이 양식은 맞배지붕을 사용하여 지붕의 처마가 낮은 것이 특징이다.

그러므로 주심포는 사찰 건축물과 같이 규모가 큰

건축물을 조성하는 기법으로 많이 쓰이며, 상부의 하중을 분산시키는 기법을 도입한 초기의 건축물 조성 양식이라 할 수 있다.

이 양식에는 부석사 무량수전과 조사당, 예산 수덕사 대웅전, 안동 봉정사 극락전, 영천 은해사 거조암 영산전, 강진 무위사 극락전, 영암 도갑사 해탈문, 강화 정수사 대웅보전, 순천 송광사 국사전 및 하사당 등 많은 국보급 고대 목조 건축물이 있다.

다포계 양식

주심포 양식은 공포를 기둥 위에만 짜지 않고 기둥 사이의 공간에도 창방 위에 두꺼운 평방을 더 올려놓고 공포를 놓은 양식이다.

공포를 기둥과 기둥 사이의 공간에도 올리기 위해서는 먼저 기둥과 기둥 사이에 공포를 올릴 수 있는 부재를 구성해야 한다. 이것이 평방이다. 평방은 창호의 틀을 지탱해 주는 부재인 창방 바로 위에 있다. 이것은 다포계 양식에서만 볼 수 있다.

기둥 위에만 올라가던 공포를 평방이라는 부재를 도입하여 기둥 사이의 공간에도 올릴 수 있게 되었다. 이런 방식은 상부의 힘을 훨씬 많이 분산시켜 기둥에 미치는 하중을 더 많이 줄일 수 있게 됨에 따라서 건축물이 더 커지고 높아질 수 있게 되었다.

이렇게 공포가 건축물의 측면에서 올라가면서 지붕도 맞배지붕에서 팔작지붕으로 구성할 수 있게 되었다. 그러므로 다포계는 주심포보다 한 단계 발달한 고려 후기 이후의 건축양식에서 많이 나타난다. 조선시

다포계 양식

대의 건축물은 대부분 다포계 양식으로 구성되었다.

이 양식은 주로 사찰보다 규모가 큰 궁궐의 건축물 등에서 많이 볼 수 있다. 사찰 건축물일 경우 전각 내부의 부처님 불단 위에 있는 보개를 장중하게 보이게 하기 위해 포작을 여러 층으로 겹쳐 놓았다.

그러나 이 양식에서 공포는 장식화에 치우쳐 힘을 분산하는 기능이 형식에 지나지 않게 되었다. 첨차도 창방이나 기둥에 새 날개 모양의 조각으로 장식화되어 부착된 양식으로 변하였다.

이 양식으로는 안동 봉정사 대웅전, 강화 전등사 대웅전, 보은 법주사 팔상전, 부안 내소사 대웅전, 경주 불국사 극락전과 대웅전, 합천 해인사 대적광전 등이 있다.

익공계 양식

원나라 영향을 받아 우리나라에서 조선 초기부터 독자적으로 발전한 양식이다. 이 양식은 주심포 양식을

익공계 모형도

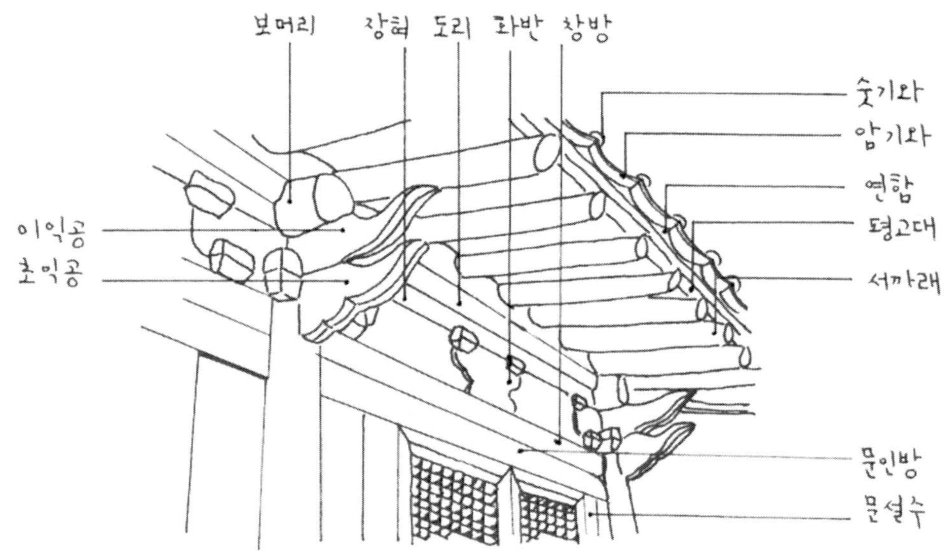

간략하게 한 것으로 기둥 위에 새 날개처럼 첨차식 장식으로 장식효과와 주심도리를 높이는 양식이다.

또 공포라는 부재를 사용하여 상부의 힘을 분산하는 기법에서 벗어나 상부의 힘을 기둥이 직접 받고, 공포의 부재는 장식으로 붙어 있는 형태로 변하였다. 이것은 복잡한 공포구성을 위해 많은 공을 들여야 하고 경제적으로 부담이 많은 경우 규모가 작은 목조 건축물을 안정적으로 구축할 수 있게 되었다.

이 양식이 발달한 배경에는 다포계 양식의 기술을 발휘할 수 있는 장인들의 사회적으로 낮은 지위, 경험 부족, 그리고 과거 양식을 응용하는 기술의 부족 등으로 간단한 건축물을 조성하는 기법을 찾았던 데 있다.

쇠서와 앙서

공포의 출목 가운데 맨 위에 있는 것을 말한다. 이것의 모양이 마치 소의 혀처럼 생겼다 하여 쇠서라고 부른다. 출목 가운데 소의 혀처럼 아래로 늘어뜨려진 것이 쇠서이다.

앙서는 출목의 다른 이름이고 쇠서 아래쪽에 있다. 출목의 숫자를 셀 때 쇠서를 기준으로 쇠서의 아래쪽에 있는 출목(앙서)만을 아래에서부터 센다. 그러므로 1출목은 맨 아래 앙서이고, 2출목은 그 바로 위의 앙서이므로 쇠서는 출목에 포함되지 않는다.

앙서의 모양은 시기를 구분하는 기준이 된다. 그런데 여러 가지 모양의 앙서 가운데서도 연꽃으로 장식한 것을 연화앙서라고 부르는데 사찰 건축물에서 많이 볼 수 있다.

벽면과 창호

벽면

벽면은 건축물의 안과 밖을 구분해 주는 역할을 한다.

사찰건물 벽면은 주로 황토를 부재로 사용하고, 그 황토 위에 백토를 바르고 불교 관련 내용을 담은 벽화를 그려 놓은 경우가 많다. 벽화를 그리지 않는 경우에는 황토 위에 황색 색감으로 덧칠하여 황금색 부처님의 궁전임을 나타내기도 한다.

속초 신흥사 꽃창호

창호

벽면에는 빛을 조절하고 사람이 출입하는 창호가 조성된다. 사찰의 창호는 대부분 고정되어 있는 것이 아니라 필요에 따라 위쪽으로 올려 열어서 외부의 자연공간을 내부로 끌어들여 앞마당에서 법당 내부를 볼 수 있도록 배려해 놓았다.

사찰 법당의 문짝은 궁궐이나 민가의 아자문(亞字門), 띠살문 등이 단아하고 정제된 아름다움을 보여주고 있는 것과는 대조적으로 매우 번화하고 화려한 모습을 띠고 있는 것이 특징이다. 대부분의 사찰에서 대웅전 · 극락전 · 비로전과 같은 중심 불전은 물론 관음전 · 미륵전 등 보살전의 문짝은 대개 빗살문 · 솟을빗살문 · 솟을빗꽃살문 등 화려한 장식 문살로 되어 있다.

법당 문짝 장식은 꽃이 주종을 이루고 있다. 꽃의 종류를 보면 연꽃을 비롯하여 모란 · 국화 · 해바라기 · 백일홍과 같은 모양의 꽃도 있다. 때로 정확한 이름을 알 수 없는 관념적인 형태의 꽃들도 보인다. 꽃살문은 살대에 이런 꽃들을 새긴 문살을 사방 연속으로 짜 맞춘 구조를 갖추고 있다. 꽃은 대개 꽃잎이 여섯 장으로 되어 있는 것이 상례이지만 때로 네 장으로 된 것도 있다. 간혹 코끼리나 사자를 비롯하여 동물들을 조각하여 조성하기도 한다. 사찰의 창호 또한 빛과 바람을 막아주는 마감 부재로 주로 한지를 붙인다.

법당을 에워싼 문짝에 새겨져 있는 문양을 보면 그 색깔과 모양과 소재는 각각 달라도 그 속에 담겨진 부처님을 공양하는 마음과 불전을 아름답게 꾸미려는 마음은 한결같다. 스님과 문짝을 만든 소목장(小木匠)들은 부처님이 계시는 불전을 아름답고 상서롭게 유지하기 위하여 이렇듯 세심한 노력을 아끼지 않았다.

단청

단청이란 청색 · 적색 · 백색 · 흑색 등 다섯 가지 색을 이용하여 주로 목조 건축물에 여러 가지 무늬와 그림을 그려 아름답고 장엄하게 장식하는 것을 말한다. 건물 가운데 색칠이 됐는가의 여부에 따라 또 단청집과 백골집으로 나누어 부른다.

우리나라 단청의 실례로 현존하는 고대 건축물이 없으므로 삼국시대의 여러 고분 벽화를 통해 그 양상을 추측할 뿐이고 고려시대에 들어서야 단청의 흔적을 볼 수 있다. 단청의 흔적을 볼 수 있는 현존하는 건축물로는 고려시대에 건축된 영주 부석사 조사당, 안동 봉정사 극락전, 예산 수덕사 대웅전 등이다.

우리나라 건축의 단청에는 두 가지 바탕색, 즉 기둥에는 석간주(石間朱)라는 붉은색을 칠하고, 기둥 위의 보와 서까래에는 뇌록(磊祿)이라는 청록색을 바탕색으로 칠한다. 이렇게 칠하면 건물은 멀리서 보아 한 무리의 소나무 숲과도 같아 보인다. 자연을 거스르지 않고자 했던 조상들의 지혜를 잘 볼 수 있는 대목이다. 또 단청에 사용되는 다섯 가지 색은 동양의 음양오행설(陰陽五行說)과 깊은 관계가 있는 우주의 색채로서 현세의 수복 강녕과 내세에 대한 기원이 깃들어 있다.

단청을 하는 것은 다음과 같은 이유 때문이다.

첫째, 불전과 같은 특수한 건축물을 장엄하고 아름답게 장식하여 신성한 공간을 조성한다.

둘째, 건물의 비바람이나 기후의 변화에 대하여 내구성을 높이고 방풍 · 방부 · 건습을 유지한다.

셋째, 나무 표면에 나타난 흠집 등을 감춘다.

넷째, 일반적인 건축물과 구별한다.

다섯째, 종교적 의식 관념에 의한 색채 이미지를 느끼게 한다.

단청의 종류

단청의 문양 체계는 건물의 부위와 장식 구성에 따라 머리초와 별지화 등으로 나뉘며 그 종류는 한 채의 건물에서도 부재에 따라 서로 다르므로 아주 다양하다.

단청의 종류로는 가칠(假漆)단청 · 모루(毛老)단청 ·

옻칠단청

긋기모루단청 · 금(錦)단청 · 금모루단청 · 고분단청 등이 있으며 특수한 것으로 칠보단청 · 옻칠단청 · 금은박단청 등이 있다.

가칠단청은 선이나 문양을 그리지 않고 한두 가지 색으로 칠만 하는 것으로 요사채에 주로 쓰인다.

긋기모루단청은 가칠한 위에 흑백으로 일정한 폭의 테두리를 그어 장식하는 단청으로 부재의 마구리에 간단한 문양을 장식해 넣기도 한다.

모루단청은 모루단청 · 머리단청 등이라고도 하고 건축부재의 끝부분에 머리초를 한 다음 가칠단청이나 흑선이나 백선으로 테두리를 그어 장식하는 긋기모루단청으로 부재의 마구리에 간단한 문양을 장식해 넣기도 한다. 머리초는 처마 아래의 기둥과 기둥 사이에 있는 평방과 창방, 도리 등의 부재 양끝 모서리에 그려 넣는 문양으로 누각 등에 사용한다.

금단청은 비단에 수를 놓듯 부재에 여백 없이 크고 작은 원형, 삼각형, 육각형 등의 기하학적인 곡선과 직

선들을 꿰고 묶어 연속적으로 반복하는 형식의 문양과 물체들을 조화시켜 도안한 능화(綾花)문양으로 단청한 것으로, 주로 불전이나 주요 전각에서 볼 수 있다.

금모루단청은 모루단청에 머리초 문양을 금단청과 비슷하게 하고 중간은 그냥 두거나 간단히 장식하는 단청이다.

이러한 단청의 무늬는 한 건물에도 쓰인 부재에 따라 서로 다를 정도로 그 종류가 다양하다.

머리초와 별지화

무늬의 체계는 건물을 부위와 장식 구성에 따라 머리초와 별지화로 나눌 수 있다.

머리초는 처마 아래의 기둥과 기둥 사이에 있는 평방 · 창방 · 도리 · 대들보 · 서까래 · 부연 등 부재의 양끝에 그리는 무늬이며, 주된 무늬는 연화 · 웅련화 · 파련초 · 주화 · 녹화 등의 꽃으로 장식되고 있다. 간혹 국화나 모란 등이 도안화되기도 한다.

별지화는 창방 · 평방 · 도리 · 대들보 등 큰 부재의 양끝에 머리초를 그려 넣고 남은 중간 공백 부분에 회화적인 수법으로 그린 장식화를 말한다. 별지화의 주요 내용은 불 · 보살과 같이 불교 신앙체계와 직접 관련 있는 것, 봉황 · 용 · 기린 · 말 · 사자 · 학과 같이 불법을 외호하거나 상서로운 동물들, 연꽃 또는 매화 · 국화 · 대나무 등 사군자에 나오는 식물들 그리고 불전에 등장하는 장면이나 불법 자체를 상징하는 것 등이 있다. 이것은 궁궐 단청에서 찾아볼 수 없는 사찰 단청의 특징적인 요소이다.

1. 대들보
2. 대들보 모형

상단부

건축물의 상단부를 구성하고 있는 부재로는 보(대들보)· 도리 · 서까래 · 지붕 · 기와 등을 들 수 있다.

보에는 다시 대들보 · 종보 · 퇴보가 있다.

대들보

건축물의 앞면 기둥 위와 뒷면 기둥 위를 연결하기 위해 놓이는 부재이다. 곧 용마루 선과는 직각을 이루고, 정면에서 건물을 보았을 때 뒤에서 정면을 향하고 있는 상단부재이다.

기둥 위에 올라가 있고 상단의 도리 · 서까래 · 기와 등을 지탱하는 가장 크고 무거운 목재부재이다. 이는 건축물 상단부를 구성하는 가장 중심적이고 주요한 부재이다. 그러므로 보가 놓이는 위치와 개념을 제대로 이해해야 건축물의 상단부를 잘 이해할 수 있다.

건축물을 구성하기 위해 기둥을 세운다. 그 기둥 위에 공포대를 올리지만 정작 중요한 것은 건물 위에 지붕을 구성해야 하는 점이다.

건물의 상부를 구성하기 위해 먼저 건물의 뒷면과 앞면을 연결할 크고 튼튼한 목재부재를 기둥 위에 올린다. 이것이 바로 보이다. 이를 일명 대들보라 한다.

그런데 사람들은 흔히 대들보가 건물의 가로로 놓이는 것으로 잘못 알고 있는 경우가 많다. 대들보는 건물의 앞면과 뒷면을 연결하는 부재이다.

종보

대들보 위에 지붕 각을 만들기 위해 다시 작은 보를 올리는 것을 종보라 한다. 이름 그대로 가장 높은 곳에 위치한 보를 말한다. 역시 방향은 대들보와 같고 대들보 위에 놓인다.

퇴보

대들보의 길이로는 건물의 앞뒤의 폭을 감당하기 힘들 때에 보조 대들보를 사용되는 것이다.

앞에서 기둥을 설명할 때 고주와 평주가 있었는데

1. 종보
2. 도리

고주란 지붕각을 만들기 위해 특히 높은 기둥을 말한다고 하였다. 퇴보는 바로 이러한 고주와 평주를 연결해 주는 보이다.

수덕사의 대웅전을 보면 고주를 잇는 곳에는 대들보를 두었고, 고주와 평주를 잇는 곳에는 퇴보를 두고 있다. 물론 대들보 위에는 종보라는 작은 보가 있다.

이처럼 보에는 대들보와 종보와 퇴보로 구별하여 그 역할과 배치가 다름을 알 수 있다.

도리

건물 상단부에 있는 대들보의 위쪽에 위치하고 있다. 도리는 대들보와 직각으로 놓여 있는 긴 부자재이다. 즉 건물의 정면에서 보았을 때 좌우로 흐르는 긴 목재이다.

도리가 기둥 위에 올라가 있으면 주심도리, 기둥 바깥쪽에 있으면 외목도리(외도리), 그리고 기둥 안쪽에 있으면 내목도리(내도리)라고 부른다.

이렇게 건물 상단 좌우로 도리를 놓는 것은 바로 위

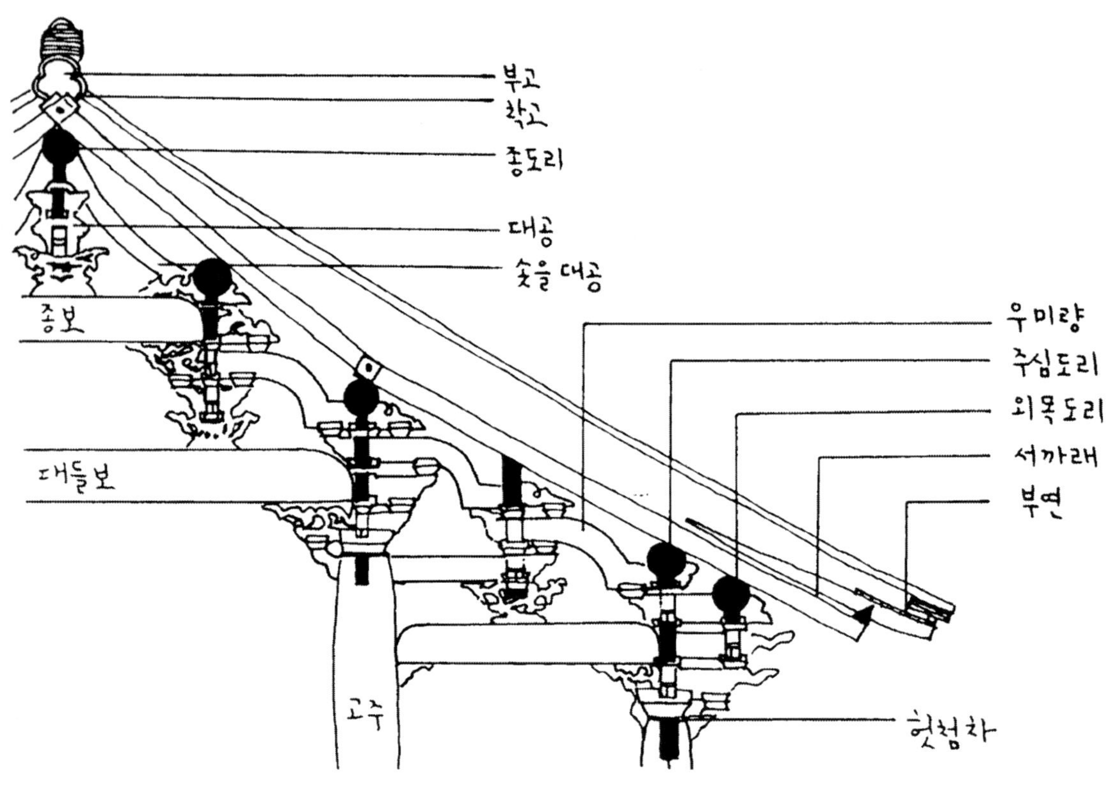

에 지붕을 형성할 서까래를 놓기 위한 뼈대를 구성하기 위해서이다.

서까래

도리 위에 직각으로 올라가는 작은 원통형 목재로서 지붕을 구성하는 부재이다. 도리와는 직각이므로 건물 정면에서 봤을 때 대들보와 같은 방향이다. 용마루를 기준으로 정면과 뒷면으로 경사지게 놓인다.

서까래 끝에 각재를 대어 서까래보다 조금 더 바깥으로 나오게 한 것을 부연이라 한다. 이것은 서까래가 비에 젖어 썩는 것을 방지하는 역할을 한다. 이처럼 서까래에 부연이 붙어 있는 것을 겹처마라고 한다. 서까

1. 서까래
2. 부연

래는 건물 정면에서 지붕을 봤을 때 정면으로 나온 작고 둥그런 목재이며, 그 위에 기와가 올라가 있음을 볼 수 있을 것이다.

서까래 위에 진흙과 볏짐을 잘게 잘라 으깬 것을 올리고 그 위에 기와를 덮으면 지붕이 되는데 이렇게 해서 건물의 상단부가 완성된다.

대공

건물 안의 대들보 위에 놓여 도리를 놓을 수 있도록 지탱해 주는 목재 부재이다. 특히 종도리는 건물의 가장 높은 곳에 놓인 도리를 말한다. 이 종도리가 흔들리면 지붕 전체가 불안정하게 되므로 종도리를 지탱하여 움직이지 않도록 하는 부재가 필요한데 이를 대공이라고 한다. 이에는 그 생긴 모양에 따라 파련대공 · 복화반대공 등 여러 명칭으로 불린다.

우미량

도리와 도리 사이에 들어가는 것으로 도리가 움직이지 않도록 고정해 주는 역할을 한다. 모양은 소꼬리 또는 새우등처럼 휘어져 있다.

대공

그러므로 대공이 대들보 위에서 도리가 상하로 움직이지 않도록 받쳐 올려주는 부재임에 반해, 우미량은 도리가 좌우로 움직이지 않도록 고정시켜 주는 부재이다.

지붕

건축물 안으로 햇빛과 눈비 등이 들어오지 못하도록 막아 실내공간을 보호하기 위해 건축물의 위를 덮은 것이 지붕이다. 지붕은 구성하는 방법에 따라 맞배지붕 · 팔작지붕 · 모임지붕 · 겹지붕 · 우진각지붕 · 정(丁)자형 · 십자형 지붕 양식 등으로 분류한다.

맞배지붕

건물의 옆에서 볼 때 지붕이 시옷(ㅅ)자 형태로 된 지붕을 말한다. 이것은 가장 간단한 형식으로 주심포 양식에 많이 쓰인다. 처마 양끝이 조금씩 올라가고 측면은 대부분 노출되는 구조미를 이룬다.

이 양식에는 예산 수덕사 대웅전, 강진 무위사 극락

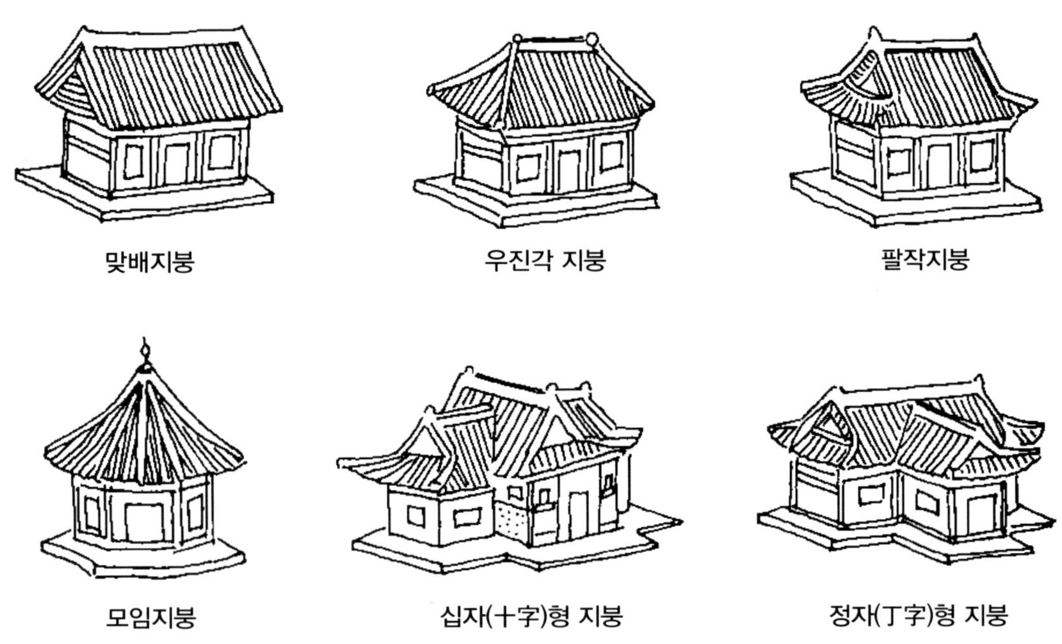

전, 영주 부석사 조사당, 서산 개심사 대웅전, 고창 선운사 대웅전 등이 있다

팔작지붕

옆에서 볼 때 정면처럼 추녀·서까래·기와가 내려와 있고 합각 면이 보이는 지붕이다. 정면에서 볼 때 지붕이 치마모양으로 생긴 것이다. 가장 아름다운 구성미를 지닌 지붕으로 곡면이 특이하다.

이 양식에는 영주 부석사 무량수전, 양산 통도사 불이문 등이 있다.

모임지붕

용마루가 한 점으로 되고 이 한 점을 꼭지점으로 하여 아래가 사각·육각·팔각·원형 등으로 된 지붕을 말한다. 주로 종루 등에 많이 사용된다. 이 가운데 사각형 모임지붕에는 경주 불국사 관음전이 있다.

1. 맞배지붕
2. 팔작지붕
3. 모임지붕

겹지붕

겉에서 보면 2층 또는 3층 등의 여러 층으로 되어 있으나 안에서 보면 하나로 확 트인 통층으로 된 지붕을 말한다. 이 지붕양식은 내부 공간을 높게 하기 위한 것으로서 김제 금산사 미륵전이나 오대산 월정사, 공주 마곡사 등의 대웅전 건물에서 볼 수 있다.

그 밖에도 지붕 면이 전후좌우로 물매가 되어 있고 지붕 면의 높이가 팔작지붕보다 높게 되어 있는 해인사 장경각 판고와 같은 우진각, 양산 통도사 대웅전과 같은 정(丁)자형, 그리고 전주 송광사 범종루와 같은 십자형 지붕 양식도 있다.

일반적으로 주심포 양식일 경우 공포의 숫자가 적으므로 상대적으로 지붕의 하중을 적게 받는 맞배지붕 형태가 많고, 다포계 양식일 경우에는 팔작지붕이 많을 것 같지만 반드시 그렇지는 않다. 그러므로 일률적으로 주심포와 맞배지붕이 하나의 양식인 것은 아니다.

1. 치미
2. 잡상과 기와

지붕 기와 위의 부재

기와에는 암기와, 수기와가 있다. 암기와는 넓고 편편하고 지붕 면을 덮는 데 사용되며, 수기와는 암기와와 암기와를 연결하는 곳에 사용된다.

기와에는 각종 문양이 조각되어 있어 그 건축물이 소실된 뒤에도 기와 파편은 문화적 사료로서 중요한 기능을 하는 경우가 많다.

지붕 기와 위에는 용마루선 양쪽 끝에 꿩꼬리처럼 생긴 치미라는 것이 조성되어 있다. 치미의 크기는 그 건축물의 규모를 가늠할 수 있는 자료로서 중요시된다. 경주박물관에는 황룡사의 치미가 소장되어 있는데 소실된 황룡사의 규모가 어느 정도인지는 치미의 크기로 짐작하게 해 준다.

용마루에는 내림 마루선을 따라 끝에서부터 대당사부, 손오공, 사오정, 저팔계 등의 여러 상을 배치하기도 한다.(사찰 건축물에는 잡상이 없다.)

나가는 말

지금까지 목조 건축물을 편의상 기초부 · 하단부 · 중단부 · 상단부로 분류하여 설명하였으나 이것은 목조 건축물의 전문용어가 아니다.

이것은 목조 건축물을 이해하기 쉽도록 단계적으로 나누어 설명하고자 분류한 것이므로 각 부재의 용어와 용도가 이해되었으면 이러한 분류에 얽매일 필요는 없다.

이제 목조 건축물의 구성은 전체적으로 다음과 같이 이해할 수 있다.

먼저 건축물을 쌓아 올릴 기초 토대를 쌓아야 한다.

그 기초 토대 위에 다시 일반 요사채와 구별하기 위해 일종의 돌로 된 단을 쌓아야 한다. 석축단이 구성되면 그 위에 기둥을 받칠 초석이 놓이고 그 초석 위에 기둥을 세운다. 기둥이 모두 놓이면 그 기둥 위에 공포대를 구성하고 공포대가 구성되면 공포대 위를 건물 앞뒷면으로 연결하고 대들보를 놓는다.

대들보는 최소 세 개 이상을 놓는다.

대들보 위에 다시 종보를 배치하고, 경우에 따라 퇴보를 사용하기도 한다. 이제 보가 모두 놓이면 보 위에 도리가 놓일 자리를 만들고 공포 위에 건물의 좌우로 긴 도리를 놓는다. 도리를 놓은 뒤 그 위에 바로 도리보다 훨씬 짧은 목재인 서까래를 보 가운데 맨 위에 자리한 종보 위에 있는 종도리를 시작으로 건물의 앞면과 뒷면으로 내려서 깐다.

서까래가 모두 깔리면 이제 진흙을 이용하여 서까래 사이사이를 메우고 그 위에 기와를 올리면 마침내 하나의 건물이 완성된다.

작가약력

한정갑

1961년 부산 출생으로 부산대학교 법과대학을 졸업하였다. 영남불교문화의 친숙한 환경에서 성장한 후 부산 소림사 고불을 거쳐 부산대학교 불교학생회 회장을 역임하였다. 1985년 10 · 27법난 규탄집회 주동으로 투옥, 석방된 후 조계종 중앙신도회, 포교사단, (사)파라미타 등의 실무를 맡아 전국 사찰을 주유하였으며 한겨레신문사, 조계종포교사단, 조계종 템플스테이사업단, (사)파라미타청소년협회의 강사, 33관음사찰순례프로그램 강사로 활동하였다. 저서로 『대한민국 명찰답사 33』이 있다.

:: 산지니 · 해피북미디어가 펴낸 큰글씨책 ::

문학

보약과 상약 김소희 지음
우리들은 없어지지 않았어 이병철 산문집
닥터 아나키스트 정영인 지음
팔팔 끓고 나서 4분간 정우련 소설집
실금 하나 정정화 소설집
시로부터 최영철 산문집
베를린 육아 1년 남정미 지음
유방암이지만 비키니는 입고 싶어 미스킴라일락 지음
내가 선택한 일터, 싱가포르에서 임효진 지음
내일을 생각하는 오늘의 식탁 전혜연 지음
이렇게 웃고 살아도 되나 조혜원 지음
랑(전2권) 김문주 장편소설
데린쿠유(전2권) 안지숙 장편소설
볼리비아 우표(전2권) 강이라 소설집
마니석, 고요한 울림(전2권) 페마체덴 지음 | 김미헌 옮김
방마다 문이 열리고 최시은 소설집
해상화열전(전6권) 한방경 지음 | 김영옥 옮김
유산(전2권) 박정선 장편소설
신불산(전2권) 안재성 지음
나의 아버지 박판수(전2권) 안재성 지음
나는 장성택입니다(전2권) 정광모 소설집
우리들, 킴(전2권) 황은덕 소설집
거기서, 도란도란(전2권) 이상섭 팩션집
폭식광대 권리 소설집
생각하는 사람들(전2권) 정영선 장편소설
삼겹살(전2권) 정형남 장편소설
1980(전2권) 노재열 장편소설
물의 시간(전2권) 정영선 장편소설
나는 나(전2권) 가네코 후미코 옥중수기
토스쿠(전2권) 정광모 장편소설
가을의 유머 박정선 장편소설
붉은 등, 닫힌 문, 출구 없음(전2권) 김비 장편소설
편지 정태규 창작집
진경산수 정형남 소설집
노루똥 정형남 소설집
유마도(전2권) 강남주 장편소설
레드 아일랜드(전2권) 김유철 장편소설
화염의 탑(전2권) 후루카와 가오루 지음 | 조정민 옮김
감꽃 떨어질 때(전2권) 정형남 장편소설
칼춤(전2권) 김춘복 장편소설
목화-소설 문익점(전2권) 표성흠 장편소설
번개와 천둥(전2권) 이규정 장편소설
밤의 눈(전2권) 조갑상 장편소설
사할린(전5권) 이규정 현장취재 장편소설
테하차피의 달 조갑상 소설집
무위능력 김종목 시조집
금정산을 보냈다 최영철 시집

인문

엔딩 노트 이기숙 지음
시칠리아 풍경 아서 스탠리 리그스 지음 | 김희정 옮김
고종, 근대 지식을 읽다 윤지양 지음
골목상인 분투기 이정식 지음
다시 시월 1979 10 · 16부마항쟁연구소 엮음
중국 내셔널리즘 오노데라 시로 지음 | 김하림 옮김
파리의 독립운동가 서영해 정상천 지음
삼국유사, 바다를 만나다 정천구 지음
대한민국 명찰답사 33 한정갑 지음
효 사상과 불교 도웅스님 지음
지역에서 행복하게 출판하기 강수걸 외 지음
재미있는 사찰이야기 한정갑 지음
귀농, 참 좋다 장병윤 지음
당당한 안녕-죽음을 배우다 이기숙 지음
모녀5세대 이기숙 지음
한 권으로 읽는 중국문화 공봉진 · 이강인 · 조윤경 지음
차의 책 The Book of Tea
오카쿠라 텐신 지음 | 정천구 옮김
불교(佛敎)와 마음 황정원 지음
논어, 그 일상의 정치(전5권) 정천구 지음
중용, 어울림의 길(전3권) 정천구 지음
맹자, 시대를 찌르다(전5권) 정천구 지음
한비자, 난세의 통치학(전5권) 정천구 지음
대학, 정치를 배우다(전4권) 정천구 지음